漫画讲透
逻辑学

杜赢 ◎ 编著

四川人民出版社

图书在版编目（CIP）数据

漫画讲透逻辑学 / 杜赢编著. -- 成都：四川人民出版社, 2024.8. -- ISBN 978-7-220-13777-8
Ⅰ.B81-49
中国国家版本馆CIP数据核字第202444S5K0号

MANHUA JIANGTOU LUOJI XUE
漫画讲透逻辑学

杜赢　编著

责任编辑	段瑞清
版式设计	师鲁贝尔
封面设计	师鲁贝尔
特约校对	北京圈圈点点
责任印制	周　奇
出版发行	四川人民出版社（成都三色路238号）
网　　址	http://www.scpph.com
E-mail	scrmcbs@sina.com
发行部业务电话	（028）86361653　86361656
防盗版举报电话	（028）86361653
印　　刷	三河市众誉天成印务有限公司
成品尺寸	170mm×240mm
印　　张	12
字　　数	120千
版　　次	2024年8月第1版
印　　次	2024年8月第1次印刷
书　　号	ISBN 978-7-220-13777-8
定　　价	49.80元

■版权所有·侵权必究
本书若出现印装质量问题，请与我社发行部联系调换
电话：（028）86361656

生活中不乏这样的场景，我们听到别人说了一句很有道理的话，虽然感觉哪里怪怪的，但是却无法反驳。比如，你对米店老板说："这个米的品质不太好，煮出来的粥不黏稠。"米店老板反驳说："502黏，你怎么不吃呢？"你对朋友说："我昨天领养了一只流浪狗。"朋友玩笑揶揄说："你这么有爱心，怎么不去伺候孤寡老人？"……

在上述场景中，我们既找不到对方说得不对的地方，又不能认同对方的观点，继续吵下去只会争得面红耳赤，不争又觉得如鲠在喉，咽不下这口气，最后以生一肚子气结束。

如果我们不了解逻辑学，就会被这样的诡辩带进逻辑的谬误中。关于逻辑谬误，学者们在其定义上存在一定的分歧，有人认为谬误是指错误的论证，有人认为事实与资料的错误也是谬误，还有人认为谬误泛指错误的言论或想法。而即便一个观点本身在事实和逻辑上都不存在错误，人们也会因为观点之外的因素选择不相信这个观点。此时逻辑谬误又从说者身上转移到了听者身上。

诡辩是逻辑谬误的终极体现。用一句简单明了的话来说，诡辩就是有意颠倒是非，混淆黑白。玩弄诡辩的人总是道理很多，他们在写文章或者讲话的时候，往往滔滔不绝，振振有词。他们每"论证"一个问题，也总是可以拿出许多"根据"和"理由"来，但是，这些"根据"和"理由"

都是不能成立的，他们只不过是主观主义地玩弄一些概念，编织一些虚假或片面的论据，做一些歪曲的论证，目的是为自己的荒谬理论和行为做辩护。

从古至今，只要人类还在思考，连绵不断的诡辩就谬种不绝。破斥诡辩比纠正谬误更重要，原因即在于诡辩之人懂逻辑。如果不把这些谬种"破"掉，逻辑学的普遍适用性的科学性质就会招致怀疑，符合人文精神的正常人际沟通也会"立"得不畅，保证正常人际沟通的两种"精气"——求真精神和求善精神也就无法有效交融。

而要想认识并消除这些诡辩，只需掌握一些基本的逻辑学常识。

逻辑学在生活中可谓无处不在。逻辑学是所有学科的基础，无论你想学习哪门专业，要想学得好、学得快，都要有较强的逻辑思维能力。逻辑学的实用存在于生活的方方面面，学习识别与避免逻辑谬误，对日常生活很有帮助。比如，在听到或看到一个观点或意见时，逻辑学会提醒我们追问：这件事是不是真的？有没有确凿的证据证明它是真的？多了这些追问，我们就不会轻易上当受骗，而是会借助清晰的思考和理性的分析，识别出语言陷阱，拆穿谎言，辨识谬误，发现事情的真相。

即便不学习逻辑学，我们也在使用逻辑，而系统地学习了逻辑学，虽然无法一下子变得事事都那么有"逻辑"，但我们还是可以通过系统地学习、自觉地遵守，努力使自己不断有"逻辑"起来。

本书总结了生活中常见的24个逻辑谬误，并选用有趣的生活事例令这些谬误更加通俗易懂，同时提供了排除这些谬误的手段。希望读者能从本书中或多或少受到一点启发，自觉地站在理论思维和现代科学的高度来透视、洞察和剖析谬误的"迷障"。

第 1 章

001 | 稻草假人
　　无视事实，歪曲观点

第 2 章

009 | 归因错误
　　看似有关，便误认为有因果关系

第 3 章

017 | 情感绑架
　　操控感情，代替有效论据

第 4 章

025 | 推不出式诡辩
　　论据主张无关联，论据推不出论点

第 5 章

033 | 滑坡论证
　　仅凭一点，极端假设

第 6 章

041 | 人身攻击
通过抹黑对方，攻击对方的论据

第 7 章

049 | "你不也一样"
以批评应对批评的障眼法

第 8 章

055 | 无力反驳
因为不知道，所以不存在

第 9 章

061 | 生拉硬拽
没有任何联系，强行拉在一起

第 10 章

069 | 预设提问
预设问题陷阱，制造回答慌乱

第 11 章

077 | **举证负担**

自己无法举证,便将责任推给他人

第 12 章

083 | **一语双关**

言辞模糊,有意误导

第 13 章

091 | **赌徒心理**

随机事件中,存在可掌握的规律

第 14 章

099 | **乐队花车**

大家都去做的,一定是没错的

第 15 章

107 | **迷信权威**

利用权威人物或机构的观点逃避说理

第 16 章

113 | **组合分裂**
　　将局部特征错误理解为整体特征

第 17 章

121 | **不是真正的苏格兰人**
　　以修改标准的方式放马后炮

第 18 章

129 | **基因决定**
　　龙生龙，凤生凤，老鼠的孩子会打洞

第 19 章

137 | **非黑即白**
　　非此即彼，事情没有中间地带

第 20 章

145 | **循环论证**
　　偏执假设，无法自洽

第 21 章

151 | **自然至上**

只要是自然的，就是最好的

第 22 章

159 | **轶事证据**

大家都这么说，自然是对的

第 23 章

167 | **得克萨斯神枪手**

因果倒置，只为对自己更有利

第 24 章

175 | **一错再错**

与其半途而废，不如死撑到底

第 1 章

稻草假人
无视事实，歪曲观点

> 有些人为了更轻松地攻击别人，或者为了让自己的观点显得更加合理，会夸张、歪曲，甚至凭空创造别人的观点。这是一种极端不诚实的行为，不但影响了理性的讨论，也影响了自己观点的可信度。

·逻辑陷阱·

稻草人，是英文 strawman 的直译，这条谬误又被称作歪曲观点，指的是把对手的观点曲解成一个容易攻击的"假人"，从而批判这个"假人"，而不是真正的对手观点。这个过程就好比甲想要反驳乙，就在乙的旁边故意树立起一个稻草人代表对方，然后以攻击稻草人的方法来冒充对乙的观点进行反驳。

其结构特点如下：

（1）小明提出一个观点 A；

（2）小红将观点 A 曲解为更容易攻击的观点 B；

（3）小红针对观点 B 发动攻击；

（4）当小明无法对攻击发起有效反击时，小红就宣布观点 A 是错误的。

稻草人谬误是生活中常见的逻辑谬误，是通过夸大、歪曲，甚至完全假造对手的论据，让自身的立场呈现更多的合理性。稻草人谬误通常可以分为以下四种情况：

❶ 曲解观点的稻草人

小明说："我认为小孩子不应该在大街上乱跑。"

小红说："把小孩子关起来，不让他们外出活动，呼吸新鲜空气，那对健康不利。"

小明的观点是小孩子在街上乱跑比较危险，而小红却故意歪曲观点，说小明要把小孩子关起来。

❷ 新增论点的稻草人

小明说："小刚买了一台新的游戏机，我写完作业想去小刚家玩玩。"

小红说："小刚这么爱玩游戏机，肯定学习不好，你跟他在一起玩儿，很容易被他带坏。"

小明的论述中，只说小刚买了新的游戏机，并没有说小刚学习不好，而小红却在论述中增加了"小刚学习不好"的观点，这就犯了新增论点的逻辑谬误。

❸ 夸张论点的稻草人

小明说："经常喝碳酸饮料容易引起钙流失，对身体不好。"

小红说："不会吧，我天天喝可乐，也没有死啊！"

小明的观点中，只是说喝碳酸饮料对身体不好，而小红却故意夸大其词，引出"喝可乐会死"的观点，这就是典型的夸张论点的做法。

❹ 扩大范围的稻草人

小明的建议："跑步时，如果你的姿势不对，会对膝盖造成损伤。"

小红的结论："跑步会对膝盖造成损伤，所以跑步是对身体有害的运动。"

在小红的结论中，将一些限制条件去掉了，只留下初始的主谓宾，从而扩大了观点所涵盖的范围。最终的结论虽然与最初的观点很相似，但却是产生谬误的。

　　稻草人谬误因为其隐蔽性，在政治竞争、舆论对话、商业谈判中，常会成为很多人故意使用的策略。坦诚、理性的辩论经常会被这种实质是欺诈的论述破坏。因此，这是一种极端不诚实的行为，不但会影响理性的讨论，也会影响自己观点的可信度。

第 1 章

稻草假人——无视事实，歪曲观点

· 生活实例 ·

 反例

规避方法

稻草人谬误是生活中常见的逻辑谬误。我们要尽量规避稻草人谬误，一方面维护自己的观点，一方面帮助我们更好地理解他人的观点，并与他人建立更好的人际关系。

1 抓住原始概念，不要被带跑偏

别人使用稻草人的逻辑诡计来"对付"我们，其实就是使用了"偷换概念"的方式，他们之所以这样做，是因为我们的原始概念不容易被攻击。因此，当有人对我们刻意使用稻草人谬误的时候，我们千万不要被其观点带偏，而是要紧紧抓住自己的原始概念，不断对原始概念进行清晰的定义。同时，一针见血地指出原始概念与稻草人的区别，戳穿对方逻辑上的阴谋。

2 秉持平和的心态，站在真实的立场思考

想要最大限度地避免稻草人谬误的产生，需要我们站在真实的立场去思考问题，客观公正地进行交流，减少用歪曲、夸大及以其他曲解方式来攻击他人的立场，一切用事实和证据说话。如果对方的观点模糊不清，我们可以请求对方澄清其观点，这样可以确保我们正确地理解对方的观点。同时，不要被他人扭曲、颠倒是非黑白的语言影响，无论那些吓唬庄稼的稻草人看起来多么逼真，也不是真实的人。我们要用正确、理性的方式，去对待生活中的所见所闻。

3 提高警觉,避免绝对化

当我们描述一个群体或观点时,务必注意不要绝对化,这样可以避免将错误的观点强加给别人。比如,少用以偏概全的词汇"你总是这样""所有人都"等。如果论证中对方向我们确认观点时暗含了"所有""一切""都"等绝对化的表述,我们必须及时澄清,避免被绝对化。

第 2 章

归因错误
看似有关,便误认为有因果关系

人们在回答"为什么"这个问题的时候,就是在进行心理学家所说的"归因",然而,由于种种原因,我们在归因过程中可能会出现错误,认为先后关系就一定是因果关系,有相关性就一定有因果性。

·逻辑陷阱·

归因错误是人们在寻找原因时犯下的逻辑错误。人们常因事物之间或真实存在或假想出来的关联关系，得出两者之间存在因果关系的结论。事实上，不同事物可能同时或先后发生，但这并非意味着其中一件事是另一件事的起因。有时候两者之间的关联纯粹是巧合，甚至有可能两件事的起因是相同的。

例如，感冒了吃感冒药，隔几天病好了。大多数人便认为，感冒好了是因为吃了感冒药，其实不然，感冒属于自限性疾病，吃药只是能减轻症状而已，治疗的作用不大。更何况这期间你还喝水、吃饭，还有自身的免疫力也在发挥作用。可见，使感冒好起来的原因是多方面的，将所有功劳归到感冒药身上，就属于归因错误。

归因错误是一大类逻辑谬误，它有很多变种。

① 假因

所谓假因，是指在没有足够证据的情况下所做的归因。

例如，小红说："你父母给你起名叫丰收，那他们肯定是农民。"

这个推断可能是正确的，但是仅凭名字就断定父母的职业是不充分的，一个人的名字并非推断其父母职业的可靠信息。

第2章
归因错误——看似有关,便误认为有因果关系

❷ 后此

所谓后此,是指用一件事先发生来证明这件事就是后面发生的事的原因。

例如,小红说:"我今天之所以会遇到一堆糟心事,是因为我昨天打碎了一面镜子,还把打开的伞放在了屋里,出门还遇到了一只黑猫(以上都是迷信里会带来坏运气的事情)。"

这种谬误混淆了"随后"和"因为",许多迷信都产生自"后此"谬误。从理论上讲,这些事情也许会导致坏运气,但从未被证实过。更合理的结论应该是小红期待糟心的结果,才故意做了那些事。

❸ 相关

所谓相关,是指将两件同时发生的事情解释为具有因果关系。这两件事很有可能是在不存在因果关系的情况下凑巧同时发生,也可能是第三因素导致了这两件事同时发生,总之这两件事是不存在因果关系的。

例如,小红说:"不相信神存在,会遭报应。"

这种谬误就是利用了人们"不怕一万,只怕万一"的恐惧心理。人一旦失去独立思考的能力,就会随着引导者的思路去思考问题,久而久之就会被"洗脑",做出很多荒唐的事情。一些骗子之所以能成功,就是利用了人们的这种谬误思维。

·生活实例·

规避方法

从心理学上看，归因错误是一种推卸责任的偷懒行为。有人会利用这种偷懒的心理，诱导你进入他的圈套，或者让你相信他那套理论。

那么，我们如何避免归因错误呢？

1 寻找归因偏误倾向，反思行为和态度

归因错误的危害主要在于对未来的影响，不仅放弃了解决问题的机会，对新面临的问题也不能正确地应对，从而为继续犯错误埋下了伏笔。因此，我们应该尝试寻找自己的归因偏误倾向，并积极反思自己的行为和态度。当错误发生的时候，我们应该先问问自己："我是否过度强调了外在因素？""我是否忽略了自己的责任和行为？"这有助于我们更全面地理解和解释事件。

2 用内部归因的方式解释事件

内部归因是指将事件归因于自己的内在特质和行为。例如，当我们的工作业绩总是提升不上去的时候，我们应该认真反思自己的工作方法和工作态度，而不是过度强调工作任务难度大、竞争对手强大，或者其他的外在因素。

我想换一个单位，在这个单位总是受到排挤。

你今年已经换了三个单位了，每次都是因为受到排挤。我觉得你应该从自己身上找找问题。

3 积极采取措施，避免归因错误

之所以会产生归因错误，一方面是因为人类趋利避害的本性，一方面是因为人类自身的认知局限，还有一方面是因为缺乏专业的逻辑课程训练。针对以上三方面的原因，我们可以采取相应的措施来避免归因错误。例如，在生活或工作中遇到问题的时候，不要试图给自己找借口，而要从自己身上找原因；通过学习、培训、咨询等方式提升自我的认知能力和逻辑思维能力。

第 2 章

归因错误——看似有关，便误认为有因果关系

第 3 章

情感绑架
操控感情，代替有效论据

有的人会利用你对他的在乎，利用你对你们之间感情的珍惜，来左右你的思想和行为，以达到控制你的目的。如果你的精神与情感拒绝被绑架，那你就会被批判成有"问题"的那一个。

·逻辑陷阱·

情感绑架,又称情感勒索,这种谬误是通过操控情感来代替真正有效的论据。大部分人都容易被情绪所带动,于是有人便利用或煽动他人的情绪,剥夺他人说"不"的权利,以达到自己的目的。每个心智正常的人都会被情绪所影响,所以情感绑架是很常见也很有效的辩论策略,但它在本质上是一种错谬、虚伪的论述方式,且会让辩论另一方的情绪失控合理化。

情感绑架可以分为以下几种情况:

(1)**恐惧情感绑架**:说某事会产生某种可怕的后果,因此我们应该反对某事或接受预防某事的建议。

(2)**厌恶情感绑架**:说某事令人恶心,因此某事是不对的。

(3)**仇恨情感绑架**:因为某事有一些令人不愉快的相关经验,便认为不该支持某事。

(4)**谄媚情感绑架**:通过奉承和谄媚他人,让他人支持自己的观点。

(5)**怜悯情感绑架**:故意挑起对方的同情和愧疚,以达到让对方支持自己的观点的目的。

(6)**荒谬情感绑架**:说对方的言辞荒谬、可笑,因而其说法不值得接受。

(7)**自然情感绑架**:因某个现象很自然,便认为是可取的;或某个现象不自然,便认为是不可取的。

（8）新潮情感绑架：宣称某事物最新、最符合时代潮流，借此说服他人接受该事物。

（9）非我所创情感绑架：因某观念或知识是由外人所创造的，而对此观念或知识不信任或低估其价值。

（10）是我所创情感绑架：因某观念或知识是由自己人所创造的，而对此观念或知识不信任或低估其价值。

有一点需要说明的是，有时候一个符合逻辑的论据也可能会带动强烈的情绪层面的反馈。但是抛弃逻辑，只靠诉诸情绪来掩盖自身观点而没有强有力的证据，只会带来更多的问题和谬误。同时，诉诸情感不会因情感的大小或者共鸣就变成对的。达到目的只是表面上的目的，但这件事情本身是错的。

·生活实例·

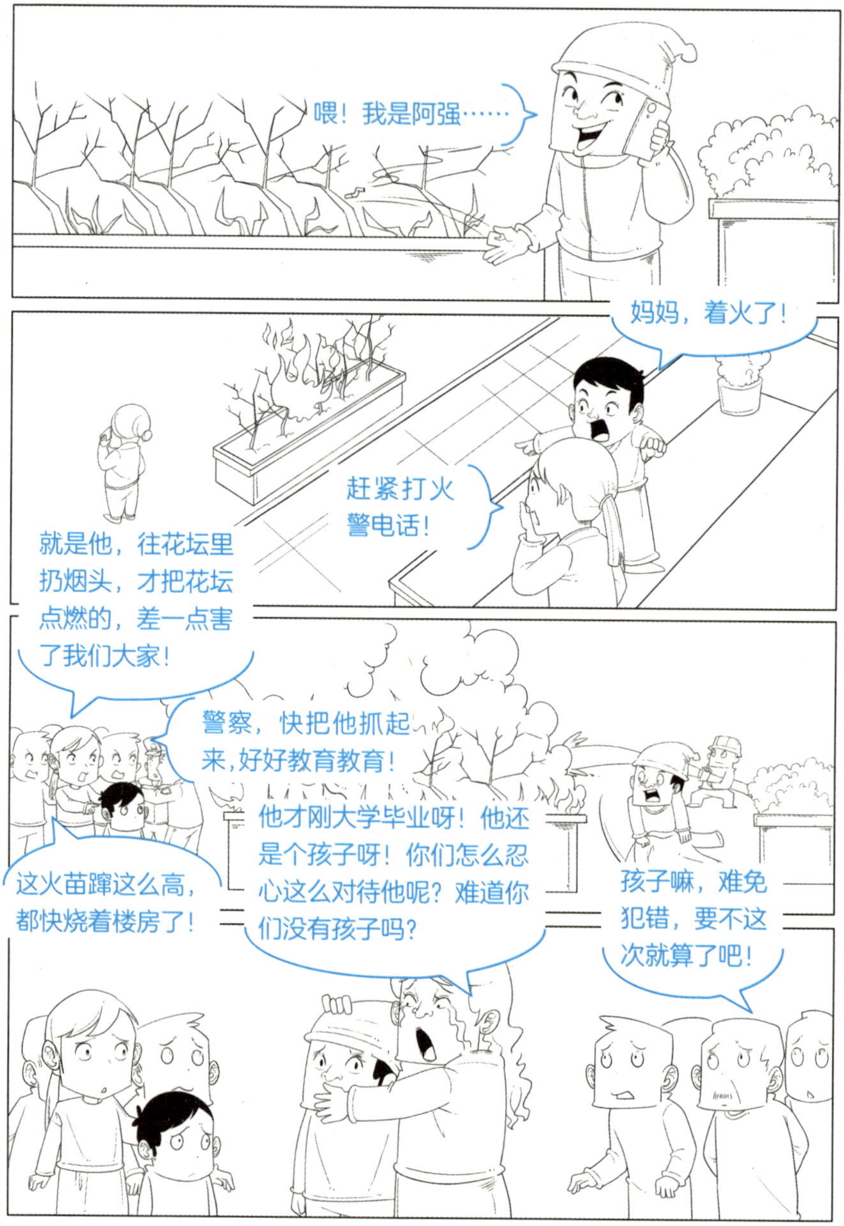

·规避方法·

生活中,我们要能够辨识别人的情感绑架,勇敢地说"不",不被他人情感挟持,获得属于自己的人生。那么,遇到情感绑架时我们该怎么办呢?

① 非抵触性沟通,摆脱情感绑架

面对情感绑架,我们最终的目的是更好地摆脱对方的绑架,而不是引起矛盾、冲突。因此,在沟通过程中,我们要避免选择抵触性的态度,而要让自己冷静下来,就事论事。比如,不管对方怎么进行情感勒索,我们都可以先回答:"我现在还不想做决定,我们可以稍后再谈吗?"

② 利用条件交换,达到双赢局面

别人通过情感绑架我们来达到目的,我们为何不"以其人之道,还治其人之身"呢?当别人希望我们改变某种行为时,我们也可以借此契机要求对方改变某种行为。比如,女儿想要一部手机,便跟妈妈说:"别的同学都有手机了,就我没有。"妈妈担心女儿有了手机影响学习,便和女儿说:"给你买手机可以,但你的成绩要达到90分以上,否则手机就没收!"

③ 亮出底线,让对方知难而退

别人之所以能对我们进行情感绑架,就是因为我们一再让步。因此,

第3章
情感绑架——操控感情，代替有效论据

想要摆脱情感绑架，就要亮出自己的底线，并且保持坚定不移。当别人试图侵犯我们的底线时，我们要勇敢地捍卫自己的底线。次数多了，时间久了，别人就会知道我们的底线在哪里，从而不会再轻易试探、轻易侵犯了。

第 4 章

推不出式诡辩
论据主张无关联，论据推不出论点

"推不出"是诡辩者常用的诡辩套路，因为论据和结论不相关，所以所推论的每句话看似都对，但就是整体听上去有问题，却又说不出问题在哪里。一旦陷入诡辩者的套路中，你的大脑中就像缠绕了"剪不断，理还乱"的毛线团一般，整理不出个所以然来。

逻辑陷阱

在一个论证过程中，论据与论点之间必须具有必然联系，从论据能够推出所要论证的论点。如果诡辩者的论据推导不出他的论点，那就是推不出式诡辩。

推不出式诡辩的错误主要表现在以下几点：

（1）论题与论据不相干： 论题与论据之间在内容上毫无关系。在这种情况下，即使论据是真实的，也不能从论据推出论题。

（2）论据不足： 从论据的真实性不能推出论题的真实性，所引用的论据对于确定论题的真实性来说虽是必要的，但不是充分的。

（3）以相对为绝对： 把一定条件下的真实判断当作无条件的真实判断作为论据来使用。

在人际交往中，推不出式诡辩通常有以下几种表现形式：

1 牵强附会

即把不相干的事物勉强联系到一块。在诡辩手法上，它是一种"论据与论题不相干"的推不出。

例如，某古代官员在为自己的贪污做辩解时说道："身在其位，身不由己。"

做官跟贪污是不相干的两件事，硬联系到一起为自己开罪，就是在诡辩。

❷ 滥用权威

即在论证中，不是去分析论题本身是否正确，不是以真实、科学的论据去论证论题，而是利用自己的权力或不加分析地援引别人的权威，将之当成"永恒的真理"，以此有意颠倒黑白、混淆是非。

例如，小红指着鹿说："领导说了这是马。"

小明不敢得罪领导，只能承认鹿是马。

❸ 诉诸他恶

即在论辩中，不是以摆事实讲道理的方法论证论题，而是离开论题本身，用蛮横粗暴、胡搅蛮缠、撒泼耍赖、无理取闹的方式攻击对方的个人品质。

例如，小明说："你的鸡蛋怎么是臭的？"

小红反驳说："我看你才是臭的，你全家都是臭的。"

❹ 以人为据

即仅仅以一些人的言行为根据，对某一论点或者肯定或者否定，却并没有考虑这些人的言行是否符合客观实际。

例如，一名老师丢了东西，便让全班同学投票选"小偷"，被选中的"小偷"问老师："你有什么证据说是我偷的？"

老师回答说："同学们都说是你偷的，肯定就是你偷的。"

推不出式诡辩与"强词夺理"很像，它们之间的区别在于：强词夺理是根本就没有道理，蛮横无理就是它的典型特点。而推不出式诡辩作为一种逻辑谬误，是指在论证中，论据不是论题的充分条件，也就是说，从论据是真的推不出论题是真的。

·生活实例·

这件黑棉袄真不错！合身又舒适！

奇怪，我新买的黑棉袄呢？丢哪儿了呢？

我刚丢了一件黑棉袄，你穿的就是我丢的那件黑棉袄。

怎么就是你的棉袄了？这是我新买的。

一模一样的黑棉袄多了去了，你说是你的就是你的？

还说不是我的，我丢的那件就是新买的。

第 4 章
推不出式诡辩——论据主张无关联，论据推不出论点

✓ 正例

·规避方法·

推不出谬误虽然存在明显的逻辑错误,但一些诡辩者仍旧能凭借出色的口才和精湛的演绎蒙混过关。那么,我们该如何去辨别和规避这种谬误呢?

 分析论据与结论,找出不合逻辑之处

推不出谬误往往发生在结论过于宽泛或者过于绝对的时候,因此,如果对方提出的主张较大,我们就应特别小心。先区分对方言论中的论据与结论,然后检查论据,看它们可以客观地给出什么结论。再检查结论,看它需要什么论据来支撑,最后看实际是否给出了这样的论据。到这一步时,推不出谬误就浮出水面了。

2 用事实说话，事实胜于雄辩

列宁说："如果从事实的全部总和，从历史的联系去掌握事实，那么，事实不仅是'胜于雄辩的东西'，而且是证据确凿的东西。"因此，"用事实说话"就是直接指出诡辩者的论题或论据不符合事实，是个假判断。而推不出谬误本身就存在论证、论据不相干的错误，只需稍加留意，就能发现对方言论中存在的与事实不符的地方。

3 截断关系，直指论证、论据无逻辑关系

我们可以采用截断关系法，反驳对方的推不出谬误。比如，有个富商为了掩饰自己所犯的生活作风问题，辩解说："常在河边走，哪能不湿鞋！"这时，我们就可以从逻辑上指出"常在河边走"与"湿鞋"之间并无必然的逻辑联系，也可以举出一个"常在河边走"但没有"湿鞋"的例证进行反驳。

第 5 章

滑坡论证
仅凭一点，极端假设

"不好好学习，人生就不幸福"，诸如此类的说法，看起来中间的每一环即使不一定发生，也是大概率会发生，就像多米诺骨牌一样，一个推倒另一个，一旦开始"堕落"，就会像下滑螺旋一样停不下来，最终导致悲剧的发生，这就犯了滑坡推断的谬误。

· 逻辑陷阱 ·

滑坡论证,也称作楔子论证,是指不合理地使用一连串的因果关系,将"可能性"转化为"必然性",以达到某种意欲之结论。

具体表现为:如果 A 发生了,接着就会发生 B,接着就会发生 C,接着就会发生 D……那么最终坏事 Z 也会发生,所以我们不能让 A 发生。

据此,某些行为就如同在滑坡上的第一步,虽然它们本身是合理的,可是它们将不可避免地导致一系列有着糟糕后果的行为。因此,最好不要让某些行为发生。

滑坡论证有很多种形式,大致可分为以下三类:

(1)因果滑坡:指一个小的行为会导致一个大的(可能是灾难性的)事件。这一论点的因果性质是,小事件导致进一步的事件,逐步升级,直到最终的悲剧结局。

(2)有先例的滑坡:指在以某种方式处理一个小问题时,在未来将有义务以同样的方式处理一个更大的相关问题。

(3)概念性滑坡:指一个人决定做一件事,那么他将不可避免地决定做接下来发生的每一件事,而这会导致最终的负面结果。这种形式的滑坡论证与含糊不清的概念有关,并没有区分从一件事到另一件事的可能性,也没有把所有的决策过程从这种论证中剔除。

滑坡谬误的错误在于,忽略了事情在发展过程中会产生的其他可能性,

第 5 章
滑坡论证——仅凭一点,极端假设

将一个很小的事情会引起一个巨大灾难的小概率事件说成必然,在没有足够的证据之前,认定极端结果必然发生。

事实上,因果关系并不是简单的原因导致了结果,而是存在大前提和小前提进而才能得出结果。而滑坡论证的逻辑线只提出了小前提,省略掉了大前提,对于这么长的一个逻辑线,其中有些逻辑推理的大前提可能本身就是矛盾的。同时,一件事物形成的原因并不是单一的,很多时候是一系列复合因素的结果。

即便滑坡论证推理中的每一步都是正确的,也仅仅能得出结论"此因素是此结果的原因之一",而不能简单粗暴地说明"此因素是此结果的原因",更不能说"此因素是此结果的关键原因"。诡辩者往往会通过高超的语言技巧,让人们认为这三个"原因"是等同的。

值得注意的是,滑坡论证的谬误不一定是"滑"向最坏的结果,也可能是"滑"向更好的结果。比如,好好学习,将来就一定能过上好日子。但无论是正向滑坡(往悲观结果走)还是逆向滑坡(往乐观结果走),都是缺乏正常逻辑关系支撑的。

·生活实例·

第 5 章

滑坡论证——仅凭一点，极端假设

 正例

·规避方法·

滑坡谬误的迷惑性很强,识别起来有一定的难度,因为有时的确可以预知某事之后的一系列连锁反应。同时,滑坡谬误在日常生活中十分常见,我们必须学会辨别和避免出现这种逻辑谬误。

那么,我们应该怎么做呢?

① 追踪理由,令理论不攻自破

面对滑坡谬误,可以通过追踪理由的方式,令理论不攻自破。具体操作是,让对手提供他们理由背后的证据。当你要求他们解释他们认为一个事件会不可避免地滑向另一个事件背后的原因时,他们极有可能会重新思考他们的推理。

② 找到破绽,逐一攻破

想要破解滑坡谬误,就要找到 A 与 B,或者 B 与 C,或者其他环节因果关系不充足的地方,以此来打破对方口中的"必然性结果"。一般情况下,当第一推理环节不成立,那么后面的推理就会受到影响。就像大厦的地基被破坏了,上面再怎么增加层数,整个大厦都是不牢固的。如果第一环节没有问题,或者自己感觉不好分析,也可以选择分析后面错误更明显的环节。

第 5 章
滑坡论证——仅凭一点,极端假设

3 攻击最终结果,变"必然"为"偶然"

滑坡谬误的本质就是"不合理的因果关系",所以比起举证反驳,直接攻击"必然性"往往更有效。比如,有人说"你找不到好工作就只能扫大街",你就可以针对此"必然的结果"进行反击:"为什么找不到好工作就只能扫大街?难道没找到好工作的人都在扫大街,而不扫大街的都是精英吗?"这样一来,对方口中的"必然性"结果就不再成立,变成了"偶然性"的结果,推理自然也不再成立。

第 6 章

人身攻击
通过抹黑对方，攻击对方的论据

当辩论的一方无法反驳对手时，常常会转而攻击对手的个人品行或其他与争论的话题没有直接关联的个人问题，从而试图驳倒对手。可是，一个人身上的污点，并不等于这个人的观点。

·逻辑陷阱·

人身攻击有个拉丁语名字叫 Ad hominem，意思是"解决不了论证，但可以解决给出论证的人"，或者叫"对付不了观点，但可以对付持有某个观点的人"。

具体来说，人身攻击是指通过抨击对手的个人品行或其他个人特质，如身高、外貌、身份、出身、种族、学识、信仰、社会地位等，来贬损对手的论据。既可以是在大庭广众下公然抨击，也可以是隐晦地暗示对手的品格存疑。

人身攻击最大的错误是用否定人来否定观点，因此造成了如果一个人本身可能存在问题，那么他所有的观点就都有问题。这十分不公平，对人不公平，对观点也不公平。

人身攻击主要有以下两种表现形式：

❶ 诽谤

诽谤就是通过贬低或贬损对方的人格、信仰来对对方造成伤害。

例如，

小明说："听说你们班语文老师讲课非常好，是吧？"

小红说："不，他从来不刮胡子，讲课好不到哪儿去。"

❷ 扣帽子

扣帽子就是直接给对方扣上一顶"大帽子",那么对方在这个"帽子"下所发表的言论就不那么有力了。

例如,

小明说:"我认为计划生育政策要取消,生育是人的权利,不能限制。"

小红说:"你又不会生孩子,对此没有发言权。"

人身攻击在论战中往往能收到"不战而屈人之兵"的效果。因为使用门槛很低,用起来很方便,也很容易博得无知群众的喝彩和赞赏,所以,它成为很多人最常用的逻辑谬误。

·生活实例·

第 6 章
人身攻击——通过抹黑对方，攻击对方的论据

✓ 正例

·规避方法·

在生活中,我们一方面不要犯人身攻击的谬误,另一方面也要避免自己被人身攻击,同时在遭遇人身攻击时,不要因遭受攻击而跑题。

1 人事分开,不要把两者混为一谈

人是人,事是事,讨论 A,就要用 A 的事实与逻辑来论证,不论当事人在 B 事上多么不堪,都不能论证其在 A 事上的结论。这要求我们在评判一件事情时,要根据事情本身的客观情况来评论是非对错,切忌对做事情的人评头论足,甚至上纲上线,夸大事情的性质或效应,将事情与当事人的人格、出身、学历、外貌等方面挂钩。

② 不要用刻板印象来评判他人

刻板印象是指对事物形成的一般看法和个人评价，认为某种事物应该具有其特定的属性，而忽视事物的个体差异。刻板印象容易使人陷入固执、偏见，常常一竿子打翻一船人。种族歧视、性别歧视、地域歧视都是刻板印象带来的非常不好的现象。因此，我们要摆脱这种刻板思维，遇事多一些思考，不要轻易给他人或事物下定论。

③ 大方承认不足，不要陷入情绪对抗中

面对别人的人身攻击时，如果对方说的确有其事，那么我们要大方地回应，主动承认自己的缺点和表现不好的地方。如果对方的人身攻击属于毁谤，那么我们要提醒自己，对方在自知理亏时才会诉诸人身攻击，从而避免自己陷入情绪性的对抗中，同时明确向对方指出其行为是在进行人身攻击，引导对方回归事情本身。如果对方继续攻击下去，我们就立即停止对话，对对方的无理取闹采取置之不理的态度。

第 7 章

"你不也一样"
以批评应对批评的障眼法

> "你不也一样"谬误是一种长期形成的错误,因为错误时间长,便被当成是正确的。这个谬误通常被作为一种转移话题的有效手段,因为它能让诡辩者从不得不防御自己的焦灼中解脱出来,而把焦点转移到对方身上。

·逻辑陷阱·

此谬误源自拉丁文 tu quoque，意思是"你不也一样（犯过错）"。是指为了避免正面回应批评，反将矛头指向提出批评的人本身，企图通过指出对手的虚伪而使讨论偏离主题。

该谬误具体表现为：A 主张"C 做了 B 事是错误的"，C 反驳"A 你自己也做了 B 事，有什么资格指责我"。其隐含的意思有这样几层：

（1）A 的行为被从时空范围里抽离出来而绝对化了。即 A 在现在做的事情和 A 在过去做的事情没有区别，同等有效地驳斥了 A 的主张，无论 A 对于自己做过 B 事是否有过忏悔、弥补与道歉。

（2）A 如果没有做过 B 事，那么 A 就有资格指责 C。听众在听到"你不也一样（犯过错）"的反驳后，最容易产生这样不严密的直觉性的联想，"如果 A 有资格指责 C，那么他应当没有做过 B 事"。

（3）C 明白 B 事有错，为开脱自己将 A 拉下水。即 C 实际上认可 B 这件事是错误的，且不否认自己做过 B，只是反对由 A 对自己提出指控。

因此，"你不也一样"的谬误不仅在于回避了对观点本身的正确与否进行论证和判断，还在于"你不也一样"的主体隐性地承认了对方观点的有效性。指出对方言行不一、自相矛盾甚至做人很虚伪，也不能说明对方说的话就是错误的。可见，这种策略并不能解决问题，也无法证明自己的观点，因为即便是伪君子也可能说的是实话。这种诡辩不过是用来转移注意力的障眼法，分散人们对最初问题的注意力，从而逃避责任。

第 7 章
"你不也一样"——以批评应对批评的障眼法

·生活实例·

✓ 正例

第7章
"你不也一样"——以批评应对批评的障眼法

规避方法

生活中，我们常用"你不也一样"这样的谬误为自己开脱或攻击他人的言论，同时也会遇到被他人如此攻击。那么，我们该如何避免出现这种谬误，以及如何去应对这种谬误呢？

① 不要用"你不也一样"为自己辩驳

专注于指出他人的错误是一种转移策略，可以让自己逃离正在经受的指责，但除了过过嘴瘾外，并不能说明自己的逻辑就是正确的。所以从根本上讲，这一招并不能真正为自己的错误开脱。因此，如果自己犯了错，就要大胆地承认错误，说不定还会得到他人的钦佩。把他人也拉下水的做法，既解决不了问题，也无法证明自己的观点，并且还有失风度和体面。

② 以"错误"证明"错误"，让对方无法辩驳

"你不也一样"的诡辩之所以能成功，主要在于对方抓住了我们的"小辫子"，并将矛盾点转移到了我们身上。对方这一招看似高明，实际愚蠢。我们只需大方地承认自己错了，那么就能证明对方也错了，这样对方就无法再为自己的行为辩护了。

3 紧扣论题，不要被对方偷换概念

他人使用"你不也一样"的方式进行诡辩，就是使用了"转移论题"的方法。如果我们顺着对方的观点说下去，就会陷入自证的困局当中，中了对方设下的圈套。因此，当别人对我们使用"你不也一样"的诡辩方式时，我们要紧扣住自己的论题，不给对方任何偷换概念的机会。

第 8 章

无力反驳
因为不知道，所以不存在

> 有这样一类人，他认为正确的事，那就是正确的，他无须证明该事件的正确性。如果你不认同，那就拿出证据证明他是错误的。这时，你便会陷入无力反驳的境地中，因为证明一件事物不存在比证明一件事物存在更加困难。

· 逻辑陷阱 ·

无力反驳，是指如果不能证明某件事是错的，那么它就是对的；或者不能证明其是对的，那么它就是错的。此谬误也被称作"诉诸无知"。

其表现形式为：因为不能证明 A 是对的，所以"-A"一定是对的。

用无知来支持某个主张，而自身的知识程度根本无法证明这个主张的虚实，缺少强有力的证据，就武断地认为某一观点是正确的或错误的。这虽然是一个显而易见的谬误，但是现实生活中却不乏抱持这项谬误的人，同时它也是诡辩者常用的伎俩。这些人在有人反对他们的观点时，总会理直气壮地说："你凭什么反对我，你有什么证据证明我说的是错的？"

人们之所以会陷入这种谬误当中，是因为人类的认识是有限的，要证明一个事物的存在是极度困难的，更别说证明一些根本没听过的事物。退一步说，就算亲眼见过某些事物，也需要提供丰富的记录和证据才能证明。而要证明一个不存在的事物，那就更是难上加难了。

比如，一个装满各种颜色小球的盒子，如果想证实"盒子里有红色小球"，那么只需要找到一个红色小球就可以了；但是，如果想证伪"盒子里有红色小球"，那么必须检查所有的小球都不是红色才行。

事实上，即使一个人由于种种原因还不能证明其观点，也并不代表其观点就一定是错的。因此，用诉诸无知来诡辩是苍白无力的。因为一开始诉诸无知就是错误的，而从一个错误的观点根本无法推出一个正确的观点。

✓ 正例

规避方法

诉诸无知，除了证明一个人无知之外，并不能证明任何事情。我们既要避免自己使用这种错误的逻辑方式进行辩论，同时也要知道如何去应对他人的这种诡辩。

① 分清逻辑与现实，不能完全用逻辑解释事实

我们之所以会陷入诉诸无知的谬误中，主要在于混淆了逻辑与事实。在生活中，逻辑只能让我们少犯错误，但不能保证我们全知全能。很多时候，逻辑上无法证明是否存在的事情，跟这件事情是否存在，并不是一回事。因此，有的事情并不能完全用逻辑来推断。从逻辑角度来讲，只要缺乏证据，就不能下确定性结论。例如，我们不能证明神仙的存在，就不能跟别人说"神仙存在"，自己找不到证据的论证，自然会被他人轻而易举地推翻。

② 以谬制谬，令对方无法再辩驳

生活中，有些人总是拿一个自己证明不出来的观点，去要求别人证明其真伪。如果对方证明不出来，他们就认定自己对这个观点的判断是对的。针对此进行反驳也很简单，以其人之道，还治其人之身即可，按照对方的理论，如果他们不能证明自己的观点是对的，那么就可以认为其观点是错的。

3 三十六策，走为上策

辩论本是论证是非，但总有一些人借此机会无理取闹，或是负气而辩。面对这种情况，继续跟对方纠缠下去，除了生一肚子气，没有任何好处。因此，当对方提出的论证是非道理的细枝末节时，不如不辩，"走为上"也是一种策略。当对方情绪饱满地想要和你辩驳一番时，你却不予理睬，对方就犹如一拳头打在了棉花上，不但达不到目的，还体现出了你的度量。

第 9 章

生拉硬拽
没有任何联系,强行拉在一起

> 很多论证需要类比两种或更多事物、观点或情形。如果所比较的两种事物就所讨论的问题而言并非真正类似,这种类比就是不恰当的,基于其上的论证也就存在类比失当的逻辑谬误。

· 逻辑陷阱 ·

生拉硬扯，也叫不当类比，是指把没有联系的事物勉强拉在一起。用在诡辩手法上，则是把对象间的偶然相似或表面相似作为根据，或者把实质上不同的两类对象生拉硬扯进行不当类比。

这种思维方法在人际沟通中被广泛使用，它是根据两个或两类事物在某些属性上的相同或相似，推出它们在其他属性上也相同或相似的推理。比如，当甲向乙讲述一个道理时，用"这件事情就像某某事情"的说法，就会令甲所讲的道理变得更加通俗易懂。

类比推理的对象可以是两个不同的个体事物，例如火星与地球；也可以是两个不同的事物类，例如声和光；还可以是一个事物类与另一个事物类的个体，例如以某只狗作试验并与人类作类比。类比是一个启发的过程、激活与比较的过程、重新组合的过程，因此具有从个别到个别、从类到类的特征，它的结论范围超出了前提所断定的范围，所以它的结论性质往往也不具有必然性，稍不注意，就会出现类比不当的逻辑谬误。

生活中，不当类比主要表现在没有区分事物的特有属性和固有属性，把某对象的特有属性或偶有属性类推到其他对象上。例如，张三和李四都是中年男子，从张三长喉结可以推断出李四也长喉结，因为长喉结是男子的固有属性；王五和赵六都是中年男子，从王五长了六根手指头无法推断出赵六也长了六根手指头，因为六根手指头是王五的特有属性。

生活实例

第 9 章
生拉硬拽——没有任何联系，强行拉在一起

✓ 正例

第 9 章
生拉硬拽——没有任何联系，强行拉在一起

·规避方法·

生活中，有些人胡搅蛮缠、生拉硬扯，将没有联系、不具有可比性的事物牵强地拉在一起做类比，目的是用诡辩的手法达到不可告人的目的。当我们碰到有人运用不当类比进行诡辩时，该如何反驳呢？

① 有相似性，不代表可以类比

有些事物具有某些共同特征，比如，枪支和铁锤都是金属的，也都可以施暴，但它们的本质是不同的，枪支属于武器，而铁锤属于劳动工具，枪支很容易用于远距离、大规模施加暴力，而铁锤不具备这个特性。因此，如果用枪支去类比铁锤，并认为铁锤也应该被限制购买，那就等于忽略了事物的本质特征，犯了不当类比的谬误。

因此，我们不能轻率地根据两个事物具有某些相同特性，就推出它们具有其他相同的特性。同时，在使用类比手法表达观点时，要抓住类比中两个事物的本质特性，防止自己陷入逻辑谬误中。

② 找出相反类比，应对不当类比

不当类比有一个致命的弱点，就是不论支持还是反对一个观点，都可以找到相反的类比。因此，我们可以"以子之矛，攻子之盾"，指出如果按照对方的类比方式，将会得出多么荒谬的结论。比如，小红说："就像乌龟只有把头伸出壳外才能向前进一样，公司只有愿意冒险才能前进。"乌

龟必须伸出头来才能前进,而公司的前进方式却不止冒险一种,小红的言论属于不当类比。对此,我们可以反驳说:"按照此类比的话,那么是不是公司也应当像乌龟一样,行动时要缓慢,遇到危险就要把头缩进壳里去呢?"

3 区分固有属性与偶有属性,筛选恰当的类比对象

事物的属性是多种多样的,它表现在各个方面。进行类比时,必须是在一系列(同一类型)属性上进行推论。同时,还要注意类比事物的偶有属性。两个事物即使其他很多属性相似,也不能从一个事物的偶有属性,推论另一个事物必定具有这一属性。比如,《三毛流浪记》中的流浪小孩儿

三毛，头上长着三根毛是他的偶有属性，如果据此就推断所有流浪的小孩儿都长着三根毛，就是幼稚可笑的。

如果在类比中不注意属性的系列或类型，而简单随意地抽取两类对象的某些属性进行类比，那么就会出现类比不当的谬误。因此，要避免不当类比谬误的产生，我们在类比时就要多方面考虑，区分固有属性与偶有属性，找出最恰当的类比对象。

第 10 章

预设提问
预设问题陷阱，制造回答慌乱

有一类问题，无论你怎么回答，都会掉进对方预设的陷阱里，这种带有诱导性的提问方式，是对方为了"套话"而使用的逻辑诡计。在论辩中，这是一种非常实用的方法。反过来，我们也要识别这种诡计，千万不要掉进别人的陷阱里。

·逻辑陷阱·

预设提问，也叫诱导性提问，是指辩论者暗含了对方所没有或者不能接受的某个预设，而要求对方做出相应回答的问话。预设提问中预设的前提往往不是语言的焦点，所以很容易被对方忽略。当回答者的回答添加到预设疑问中时，出现的论证便会确立这个被预设的条件。

因此，虽然事实上没有这样的论证，预设提问里却包含一个隐藏的论证。这样的论证通常会使回答者掉入陷阱——承认自己原本不愿意承认的东西。

预设提问有如下几种常见方式：

① 重复式诱导性提问

即提问者通过重复问句，诱使回答者觉得之前的回答是错的而改变答案，直到提问者得到想要的答案为止。

例如，小红问："你觉得陈丽有多高？"

小明回答："160厘米。"

小红问："你确定吗？我再给你一次机会。"

小明回答："我觉得应该是160厘米。"

小红问："你要不要再考虑一下？"

……

② 强制式诱导性提问

即提问者提供有限的选项，使回答者只能在提供的选项里回答，即便选项里没有合适的答案，回答者也只能勉强从中选择一个。

例如，小红问："你喜欢看现代剧，还是喜欢看古装剧？"

小明回答："现代剧吧。"

③ 确认式诱导性提问

即无论回答者给出肯定的答复，还是给出否定的答复，都会承认提问者问题中所提到的内容。

例如，小红问："你现在还打你老婆吗？"

小明回答："不打啊。"

预设提问在破坏理性的辩论方面特别有效，因为它具有很强的煽动性，并且用不恰当的提问方式限缩、操控回答者的回答，从而使答案不能真正反映回答者内心的真实想法，回答者需要慌乱地被迫为自己做出辩护，在这慌乱之中，就中了提问者的"圈套"。

·生活实例·

·规避方法·

诱导性提问的场景可能出现在生活中的任何地方，如果我们不小心应对，很容易中了对方的圈套。

那么，我们如何才能避开对方的"诱导"陷阱呢？

① 避开陷阱，模糊应对

面对别人的诱导性提问，回答者回答任何一种答案，都不能达到理想的效果，此时采取模糊应对反而是最好的方法。比如，可以采用"不可一概而论"作为开头，再从正反两个方面来解释你的观点。例如，当面试官问："除了我们公司，你恐怕很难找到更好的公司了吧？"你可以回答："或许我能找到比贵公司更好的公司，但别的公司在人才培养方面不如贵公司重视，机会也不如贵公司多；或许我找不到更好的公司，但我想珍惜已有的最为重要。"这样一来，既回答了提问者的问题，又没有掉入提问者的圈套中，可谓一举两得。

② 逐个回答问题，逐一攻破预设内容

有时候，诱导性提问中会包含两个或两个以上的问题，提问者却要求回答者只回答一个"是"或"否"。对待这种类型的诱导性提问，我们必须指出对方其实是提了两个或多个问题，然后我们要坚持逐个回答，不回答完第一个问题，坚决不回答下一个问题。这样才能逐一攻破对方的预设内容，成功驳倒对方。

3 不理对方的预设条件，重新设计预设情境

在预设提问中，提问者为了达到自己的目的，往往会将两个没有必然关系的事物联系到一起，构成一个不存在的逻辑。如果回答者顺着提问者这个不存在的逻辑说下去，就中了提问者的圈套。正确的做法是，跳出对方的预设陷阱，重新设计一个能适合彼此的预设，这样才能打破对方不合理的逻辑，辩倒对方。

第 11 章

举证负担
自己无法举证,便将责任推给他人

> 举证责任既是一个法律问题,也是一个逻辑问题。错置举证责任,在法律上会导致不公,在逻辑上也是一个谬误。在讨论中,如果对方故意错误分配举证责任,你就要小心了,千万别误入对方的逻辑谬误中。

·逻辑陷阱·

举证负担的意思是，认定举证的责任不在提出观点的人，而在质疑观点的人。举证责任一般遵循"谁主张，谁举证"的原则，比如，

A："神存在。"

B："你怎么知道神存在？"

A："我在《圣经》里读到过。"

A 提出的观点由 A 来证实，而不是推给 B 去证实。但是在现实中，本来应该由对手证明其断言为正确的时候，人们往往在不经意间被误导，而认为必须由自己证明对手的断言是错误的。

比如，

小红说："西门庆杀死了潘金莲。"

小明说："你净胡说八道。"

小红再说："我胡说八道？你怎么知道潘金莲不是西门庆杀的？"

小红断言"西门庆杀了潘金莲"，因而举证的责任在小红，但小红最后的问题却将举证的责任推向了小明，这就是一个错置举证责任的谬误。

对一个观点无法证伪或举出反例，并不能因此证明这个观点是合理的，或由此认定这个观点是可信的。同时，我们又必须清楚"事无绝对"，所以需要基于已知的证据来加强论据的可信度，以某个观点没有被证明过为由而驳斥它，也是一种推论谬误。

第 11 章

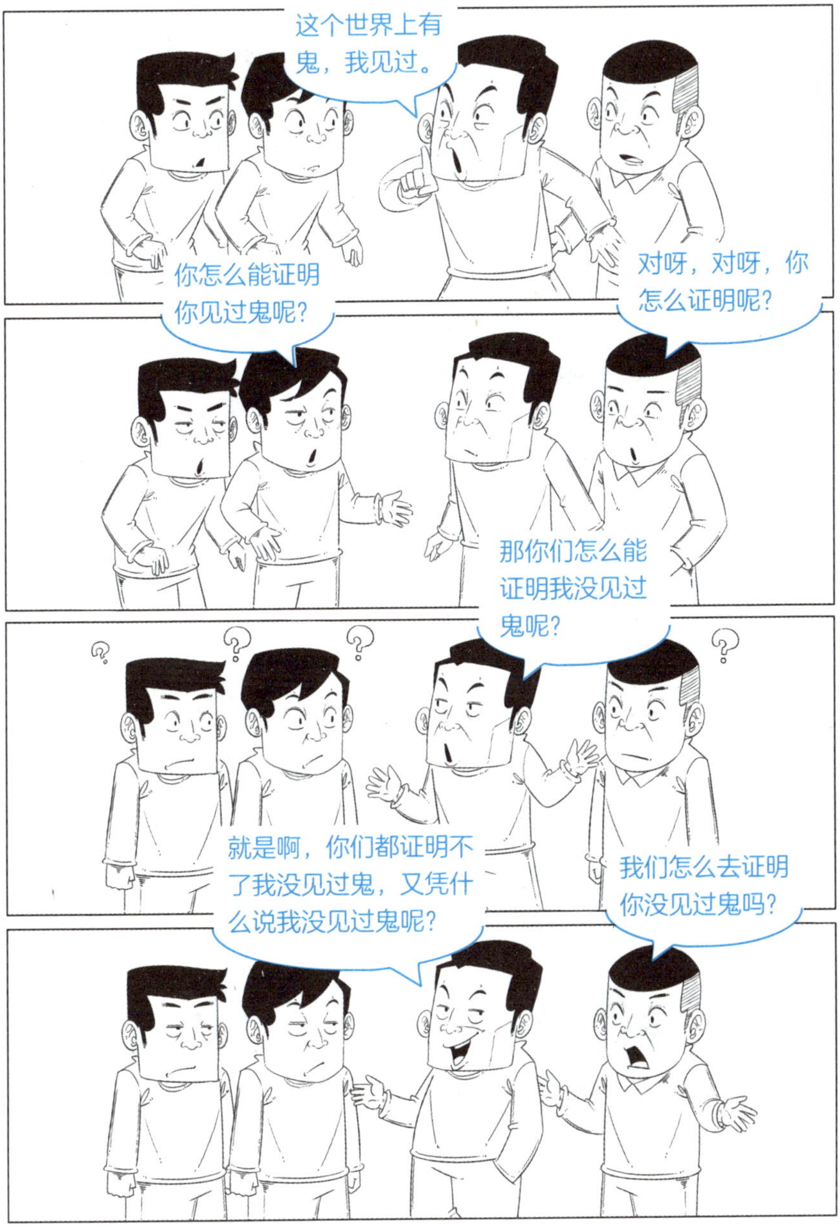

举证负担——自己无法举证，便将责任推给他人

·生活实例·

✓ 正例

- 小陈,你这么年轻,就长了这么多白头发呀?
- 是呀,我们家族遗传少白头。
- 用牛奶洗头发,能让你的白头发变黑。
- 怎么可能?有什么科学依据吗?
- 你又没试过,怎么能证明不行?
- 你提出来的观点,难道不应该你来证明吗?
- 你……

·规避方法·

举证责任谬误在生活中十分常见，我们需要保持特别的警觉与慎重，才能察明并且避免。

① 感觉"哪里不对"时，得注意

对于举证困难的话题，一定会有其"不对劲儿"的地方，因此，当一句话初听起来"好像哪里不对"或者"怪怪的"时，先不要强迫自己认可它，或者转头忽略它，而是让对方举出证据来证明他的言论。比如，有人说自己"碰到外星人了"，不管他如何诡辩，你都要让他拿出"看到"的证据来。

② 提供虚假证词，让对方露馅

当对方将举证负担转移到你头上时，如果你真的一本正经地去找证据，那就落入对方诡辩的伎俩中了，因为对方的论点往往无论据可证。要打破这一僵局，你可以将计就计——对方让你举证，那你就胡说一通，让对方自己露出马脚。比如，对方说："我去过月球。"并让你证明他没有说谎，这时你不要顺着对方的话语进行，而是要转个弯，提供一个虚假的证词，比如："那你是坐火箭去的吧？"对方如果回答："是啊。"那你就可以说："可是怎么没见新闻上播呢，毕竟坐火箭这么大的事，回来都成英雄

了!"对方如果说:"当然不是。"那你就可以说:"那你真厉害,可以自己飞上天!"

3 听到"为什么不",别进套

"为什么不……"的论调是对方为了逼迫你寻找"反对意见"的证据的圈套,如果你被对方"激将"了,那么举证的责任就会完全落到你的身上,从而会使自己陷入论证,而让对方蒙混过关。比如,当对方问"为什么你不信"的时候,你不要急着去证明,而是要反问一句"你为什么这样认为",把举证责任"还"回去。

第 12 章

一语双关
言辞模糊，有意误导

有的人说话，常常措辞含糊，话里有话。他们的言辞可以被解释出多重含义，给人留下猜疑和不确定的感觉。和这样的人交流，如果不能弄清他们的真正意图，就会陷入误解和纷争中。

· 逻辑陷阱 ·

一语双关，又称模糊性言辞，是一种常见的逻辑谬误，是指说话人使用双重含义的语句或含糊不清存有歧义的陈述，以此达到误导他人或歪曲事实的目的。

具体来讲，在说话人的话语中，包含两个看似相同实则不同的单位词组。第一个词的意思停留在字面，是大家显而易见的；第二个词的意思则蕴含在深层次中，需要我们进行深层次的挖掘才能理解其中的意思。双关的使用者所表达的意思重点为第二层，两层意思在表面上形成不可分割的"一体性"，实则毫不相干。

此谬误通常有以下几种表现方式：

① 永不会出错的语言

指用模糊的概念去预言某件事情的发展，因为语意模糊，所以无论结果是什么，都能自圆其说。经常被采用的词语有：大概、或许、可能、如果不出意外……

例如，小红对小明说："如果我没猜错的话，你今年已经28岁了。"

如果小明真的28岁了，就会觉得小红说得对；如果小明没到28岁，或者已经过了28岁，也不会怀疑小红的预测，因为小红这里用了"如果没猜错"，无论怎么解释，小红的预测都是正确的。

第 12 章
一语双关——言辞模糊，有意误导

② 带有歧义的语言

指运用会产生不同意思的语言，故意让人误解，从而达到迷惑他人、混淆视听的目的。

例如，小红对小明说："小丽过日子真是一把好手。"

小明便以为小丽很会过日子，等见到小丽后，才发现小丽因为受伤只有一只手。

小红故意使用模糊性的言辞，制造了一种歧义，很容易让人将"一把好手"理解为很会过日子，让人做出错误的判断。

一些骗子就常利用这种一语双关的陈述，被揭穿后他们又会指出，他们所言从理论上来说并非全然是谎言。但其实从本质上来说，这些陈述一开始就带着误导性。

一语双关谬误与模棱两可谬误之间有一定的相似之处，但又有不同之处。相同之处在于，两者都是言辞模糊；不同之处在于，模棱两可针对的是二选一时，两者都可选，一般用于是非、对错的矛盾问题上，而一语双关的应用则没有范围限制。

·生活实例·

第 12 章
一语双关——言辞模糊，有意误导

✓ 正例

087

·规避方法·

真理坦荡荡,不屑于取巧。利用词义的模糊或者语言的局限性去搬弄是非更不值得提倡。因此,我们在生活中要小心一语双关的谬误,以免被他人蒙骗,同时也要避免自己使用语义模糊的表达。

① 打破砂锅问到底,模糊逐渐变清晰

有些语义模糊,是因为语言本身具有模糊性。我们要想弄清楚事实,就需要具体追问对方言语里模糊的概念究竟指的是什么,一定要让对方解释清楚才罢休。也可以多问一些细节,让对方将细节解释清楚,这样就可以避免理解上的偏差,减少被人忽悠的可能。

② 警惕模糊性语言，绝不吃亏上当

很多算命先生都喜欢使用一些模糊性的语言，比如大概、或许……因此，如果有人对我们预测某事时用到模糊性的语言，我们就要提高警惕，仔细去辨别对方话里的意思，是否带有蒙骗、诱导的性质，是否是为了取得我们的信任而刻意为之。有时候，我们只要稍加分析，就能看透这些小伎俩。

③ 尽量表述清楚，以免语义模糊

语义模糊分为有意模糊和无意模糊。如果我们遇到比较尴尬的对话，想要蒙混过关，那可以有意模糊语义，让自己从尴尬的境地解脱出来。如果是比较严肃的场合，需要准确地传达自己的想法时，就要三思而后言，选择简洁明了的语言，令表达更加清晰、严谨和准确。

第 13 章

赌徒心理
随机事件中，存在可掌握的规律

> 俗话说：十赌九输。赌博就是典型的"随机现象"，而赌徒们却深信赌的不是所谓的运气，而是隐藏在赌博规则背后的数学公式与定理，只要自己掌握了规律，就一定会赢。

·逻辑陷阱·

赌徒谬误,也叫蒙地卡罗谬误,是一种错误的信念,是指错误地以为随机序列中一个事件发生的概率与之前发生的事件有关,即其发生的概率会随着之前没有发生该事件的次数而上升。

赌徒谬误通常表现为以下两个方面:

❶ 过度相信独立性

在赌徒谬误中,如果某个事件在过去的几次尝试中没有出现,那么"赌徒"便认定该事件在未来的尝试中出现的机会会增加。事实上,每次赌博事件都是独立的,前一次的结果不会影响下一次的结果。这种错误的信念可能导致赌博者在输掉一些回合后,错误地认为他们在未来的回合中更有可能获胜,从而继续赌博。

❷ 忽视基本概率

即使在一组独立的赌博事件中,某种结果的概率是相等的,赌徒也常常会因为之前某个结果的频繁出现而过度估计它在未来的回合中会再次发生。这种误解概率的方式可能导致不理性的决策。

有趣的是,赌徒谬误虽有"赌徒"二字,却不仅仅发生在赌徒身上,在我们日常生活中也十分常见,甚至可以说无处不在。

例如，当股价连续上涨时，投资者认为下一期股价下跌的可能性增加，从而倾向于卖出；当股价连续下跌时，投资者认为下一期股价上涨的可能性增加，从而倾向于买入。

彩民很少购买近期中过奖的号码，因为他们认为这种号码再次中奖的概率是很低的。

打游戏的人在连输好几局的情况下，会认为自己下一局一定赢。

连续生了两个儿子的夫妻俩，会认为自己下一胎一定能生个女儿。

一连好几天都是大太阳，人们很自然地觉得明天就要下雨了。

银行贷款审批人员前3笔通过，那么第4笔不管情况如何，都倾向于拒绝。

……

·生活实例·

第 13 章

赌徒心理——随机事件中，存在可掌握的规律

✓ 正例

·规避方法·

读懂了赌徒谬误,可以让我们更理性地生活。想要摆脱这种逻辑谬误,我们需要做到以下三点:

① 独立判断,客观评价

研究表明,一份贷款申请能否获得批准,竟然在很大程度上取决于这份申请被看到的时间和顺序。如果审查官在一天中连续批准了5份贷款申请,那他收到的第6份申请被拒绝的可能性就很大,反之亦然。因为在审查官的潜意识里,认为今天的申请不可能都符合通过的条件。

可见,始终保持客观并不像我们想象得那么简单。因此,我们要时时刻刻提醒自己,在做判断的时候,不能掺杂主观意愿,要分析客观情况,力争做出最公平、公正的选择。

② 理智思考,及时止损

很多人相信这样一个铁律:随便猜一个方向,如果错了就反向加倍再来。比如,输1元不要紧,下次下注2元,如果再错,就下注4元,总之输了就翻倍下注。如此这般,押对一次,就能连本带利地赚回来。而事实上,除非你有无限的资金,否则这种玩法很可能导致你赔光所有钱。因此,面对毫无关系的独立随机事件时,千万不要妄想着"天上掉馅饼"的美事,也不要妄想着拥有"一次回本"的运气,及时止损,才是理智的生活方式。

第 13 章
赌徒心理——随机事件中，存在可掌握的规律

3 排除干扰，合理归因

一名篮球运动员如果连续进了三四个球，人们就会不由自主地做出判断：他正处在"手热"的状态，把球传给他，命中率就会增加。那么，连续进球真的是因为投篮的人"手热"吗？有一项分析报告指出，根本没有"手热"这回事。因此，排除干扰选项，正确地归因，能让我们更真切地了解这个世界。

第 14 章

乐队花车
大家都去做的,一定是没错的

可能现代社会时间很宝贵,很多人懒得思考,或者觉得既然别人都这么做了,那肯定是有利的事情,于是就按照大家的方式去做。那么,大家都去做的事情,就一定是正确的吗?不一定。

· 逻辑陷阱 ·

乐队花车，是"从众谬误"的直译。这条该谬误的英文原文为"bandwagon"，是指马戏团游行中载着乐队的华丽马车，参加者只要跳上这台乐队花车，就能轻松地享受游行中的音乐，还不用走路，并且跳上乐队花车就代表"进入主流"。

在逻辑思维中，从众谬误表现为许多人都在做某件事或认可某件事，就认为这件事情是对的。也表现为当个人与多数人的意见和行为不一致时，个人放弃自己的意见和行为，表现出与群体中多数人相一致的意见和行为方式的现象，以证明自己并不孤立。

人们之所以会出现这种"随大溜"的行为，主要是因为"人多"本身就是有说服力的一个明证，持某种意见的人越多，就越证明这个意见"正确"，很少有人能够在众口一词的情况下还坚持自己的想法。

从众谬误通常表现在以下几个方面：

（1）**购物**：表现在购物心理上，大多数人都在这一天逛街购物，那么这一天就应该是"购物日"。比如，美国的"黑色星期五"、中国的"双十一"……

（2）**投资**：许多人会根据情绪和本能做出不同的决定，而不是做出独立的决定。比如，朋友们都选择某一只股票，那么就证明这只股票十分值得持有。

（3）选择餐馆：两家几乎完全相同的餐馆，一家很拥挤，一家几乎是空的，大部分人会选择忙碌而拥挤的那家，因为大家都选择的一定是味道不错的。

（4）社会团体：交朋友和成为社会群体的一部分时，人们倾向于更大的群体或外向的个体。例如，在校园中，如果我们不是某些人的朋友，就面临着被抛弃的局面。

（5）信仰：从众谬误也可以存在于信仰系统中，当一些自称为"老师"的人分享"真理"时，会发展出许多追随者。这时，一个人的信念会影响一片人的信念。

从众效应有一定的"好处"，那便是当你举棋不定或毫无主见时，它可以帮你做出一个决定。这看起来轻松省事，却不一定是正确的选择。因为正确的推理需要以正确的前提为基础，而从众谬误是基于一个错误的前提——"大家都这样，所以这样一定不会错"。要知道，事物的受认可度和流行性与其正确与否完全无关。如果依照大众的认可程度来决定对错，那么在历史上人们认为天圆地方的年代里，地球就应该是平的了。

·生活实例·

这片油田在哪里呀?

天使石油开采新项目

听说这片油田发展潜力巨大。

目前还不太清楚。

听说地狱发现了大量的石油,赶紧去吧,再不去就来不及啦!

怎么办?没有我的位置了?

快走呀,去晚了就来不及啦!

地狱之门

人们都跑去地狱,难道地狱真有石油?不行,我也得去看看。

第 14 章

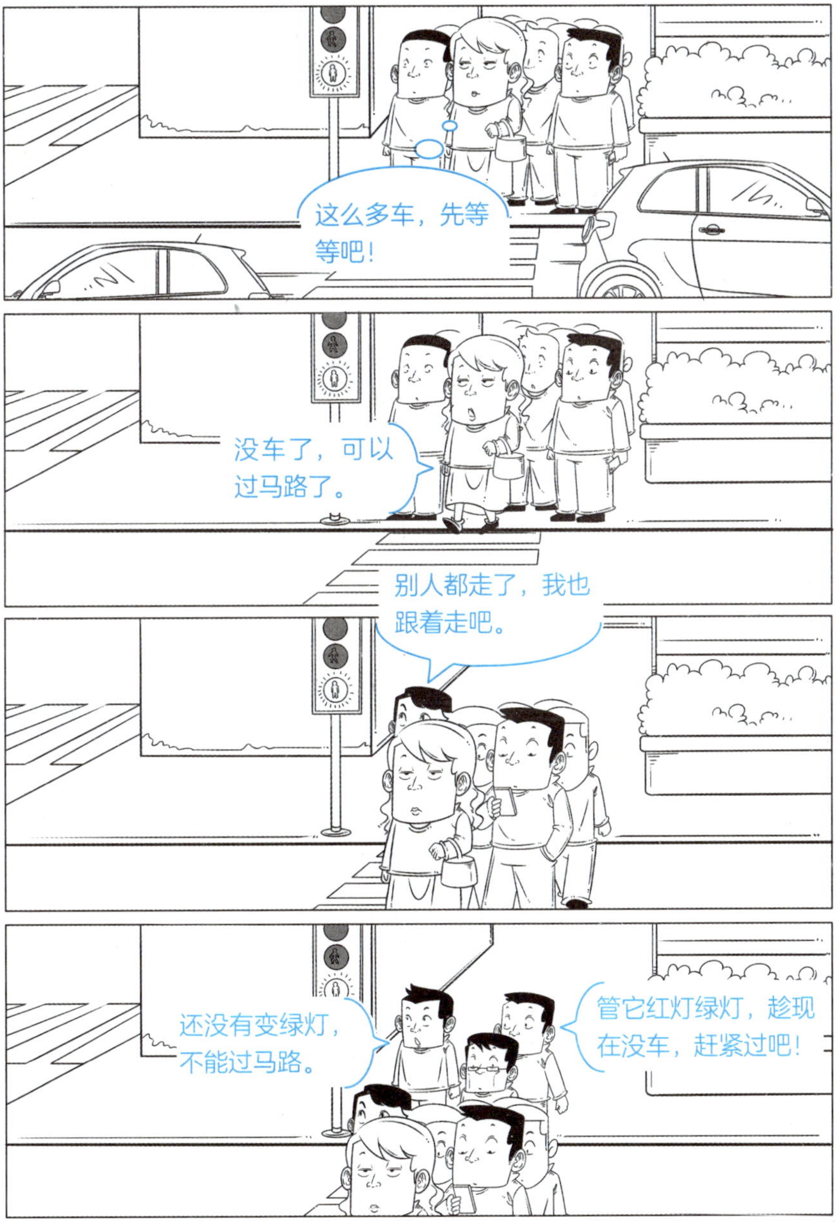

乐队花车——大家都去做的，一定是没错的

 正例

·规避方法·

当个体盲目跟随他人时,就会导致个体失去独立思考和判断的能力,丧失自己的主见,继而导致错误的决策和行动。因此,在生活中,我们要学会避免从众谬误的产生。

① 培养独立思考的能力,客观分析不同的观点和意见

从众心理产生的根本原因,是在信息的不对称性和预期的不确定性面前,人的理性变弱,识别判断能力变差。在这样的情况下,人很容易陷入群体心态,而群体的观点或行为又不总是正确的。因此,我们要培养自己独立思考的能力,在面对问题时,能够客观分析和评估不同的观点和意见,并根据自己的价值观和利益做出决策。

② 保持独立性,相信自己的判断力和决策力

能否减少盲从行为,运用自己的理性判断是非并坚持自己的判断,是成功者与失败者的重要区别之一。很多人都有过切身的体会:有时候明明认为自己的想法或判断是正确的,可在其他人的影响下,最终选择了相信他人而否定了自己。因此,在面对他人的意见和行为时,我们要保持自己的独立性和原则,并坚持自己的观点。虽然他人的意见可能有其合理性和价值,但是我们更要相信自己的判断力和决策力。

第 14 章
乐队花车——大家都去做的，一定是没错的

③ 拒绝他人的影响和压力，避免盲目从众

从众是一个人因受到某个群体的影响，最终放弃己见，转变态度，采取与多数人相一致的行为现象。在现实生活中，我们经常会面临来自他人的影响和压力，这些影响和压力可能会使我们盲目从众。为了避免这种情况，我们必须学会拒绝他人的影响和压力，并坚持自己的立场。

第 15 章

迷信权威
利用权威人物或机构的观点逃避说理

> 为了使论证更加有力,我们往往会举出一些权威人物或机构的观点作为参照,介绍他们对所探讨问题的立场。然而,如果只是举出某个人物的大名,或者诉诸某一号称权威却可能盛名难副的专家,就期望能够影响甚至说服反对者,那就犯了诉诸权威的逻辑谬误。

·逻辑陷阱·

迷信权威，就是相信权威说的一定是对的。其特点在于，简单地以权威人或物的声望代替对观点的论证。最常出现的问题是，把一个领域的权威默认是另一个领域的权威。

这是人们常犯的逻辑谬误之一，也是最容易陷入的逻辑陷阱。因为在权威面前，大部分人都会主动放弃独立思考的能力，被动地接受某种观点。这些人往往对眼前的事实视而不见，既缺乏常识，思维浅薄，又懒得思考，不愿学习，所以迷信权威。

于是，很多人便利用人们的这个弱点，在证明自己的观点时，不是以事实数据、逻辑推理为依据，而是简单粗暴地诉诸某种权威，以此来证明自己本就存在问题的观点，达到自己的某种目的。

迷信权威本质上是一种对话语权的崇拜。一些人会因崇拜而建立起一种虚无的权威，又把这种权威泛化，扩大到所有领域。就像追星一样，在粉丝眼中，偶像的一切都是好的。在这个谬误中，权威几乎可以是任何东西，明星、名人、专家、机构、书刊或是某个概念等。

迷信权威谬误具体表现为以下几个方面：

❶ 诉诸无关权威

即引证的权威并不是当前问题领域内的专家，其观点错误的可能性比正确的可能性更大。有的人为了让别人接受自己的观点，或反驳一些观点，常常会有意无意地借助一些无关权威。

例如，

小红说："这款洗发水××明星也在用，所以肯定好用。"

小明说："××明星也在用？那我要试试。"

❷ 诉诸模糊权威

即把某个结论合理性的源头归结于一个模糊的群体或概念。比如科学界观点、据权威专家所言、外国专家表示、大家都这么认为、有关部门、据有关方面统计、古人智慧的结晶……

需要注意的是，权威并不等于谬误，也不是说合理的专家主张或科学共识不重要。事实上，绝大多数我们相信的事，诸如化学反应、太阳系等，都是基于可靠权威的。

真正谬误的是很多人的唯权威论、滥权威论，诉诸权威并非有效的论证方式，权威的意见也完全有可能是错的。因此，是否权威对其主张是否属实没有任何本质影响。当然，如果你不具备和专家相似的理解水平或经验证据，那么对具有知识深度的专家说法也不能完全无视。

·生活实例·

第 15 章
迷信权威——利用权威人物或机构的观点逃避说理

·规避方法·

我们每天都会与人交谈，有的人会怀着各种各样的目的，给我们灌输某种观点，试图给我们"洗脑"。那么，我们该如何避免权威效应带来的不利影响呢？

1 不要把思考的权利轻易交给别人

在了解到权威说的话或者做的事后，不要盲目地认同和跟随，而要先自己思考：

我和权威所拥有的条件一样吗？

他可以成功，我就一定能成功吗？

虽然我们无法做到与世界彻底隔绝，但是，我们完全可以对自我习惯性观念的摄入点进行限制，以此来提高自我独立思考的能力。在认真思考过后，如果发现权威说得对，那再大胆行动也不迟。

2 持续学习和搜集资料

很多人盲目相信权威，是因为对要解决的问题不够了解。这一点可以通过持续学习和搜集相应的资料来解决。只要加深对问题领域的了解和认知，在选择和决策时就会有充足的理论依据作支撑，从而做出更科学、理性的决策。

3 练习敢于质疑的能力

尝试让自己养成本能的质疑能力，让自己乐于对一些习惯性的看法与做事方法提出疑问。但是要注意，不要成为犬儒主义（西方古代哲学、伦理学学说，主张以追求普遍的善为人生之目的，为此必须抛弃一切物质享受和感官快乐。其之所以被称为犬儒，一是由于其创始人在雅典一个名叫"快犬"的运动场讲学；二是由于其信徒生活艰难，在大街上讲学时衣食简陋，随遇而安，形同乞丐，被人讥为犬）者，不要认为真理是不证自明的，所有知识与看法在成为真理之前，都会经过大量的现实论证与事实支持。让自己拥有真实的理论与实践之后，再提出合理的疑问，这才是正确的质疑方法。

第 16 章

组合分裂
将局部特征错误理解为整体特征

> 有些人总是固执地认为,如果一个总体的某些局部具有某种特性,那么这个总体的各部分也具有该特征。这种思维方式没有考虑到其他可能性或相关因素可能存在的差异,这也是大脑"偷懒"的行为。

·逻辑陷阱·

组合分裂,又叫以偏概全,是指假定某个事物的局部特性就是该事物的总体特性,或同样适用于该事物的其他部分;或者物体的总体特性一定适用于其每个独立的局部。总而言之,就是以局部的事例或现象,草率地推断出某种规律性的普遍结论。

该谬误的特点就是将单一的、个别的、局部的或特殊的情况扩大化地推论到全局情况,以偏颇的观点来看待整个全局。

通常情况下,当某件事对部分来说是正确的时,它确实有可能适用于整体,反之亦然。比如,我们常说的"管中窥豹,可见一斑"。但关键点在于是否存在有效的证据表明情况确实如此。仅仅因为我们观察到事物的某些一致性就做出判断,极有可能导致偏见式思维产生,以至于我们假设的"一致性"可能并不存在。

组合分裂谬误的底层逻辑是错误的三段论。一个一般性的原则(大前提A),一个附属于前面大前提的特殊化陈述(小前提B),以及由此引申出的特殊化陈述符合一般性原则的结论(C)。在正确的三段论里,第一重要的是大前提必须是对的,第二重要的是小前提必须是从属于大前提的一种形态。这两个重要条件有一个错误,那么就会引起整个逻辑的错误。

例如,一个女人的老公出轨了,她便认为"男人都爱出轨"。

在这个谬误中,大前提是"我的老公出轨了",小前提是"我老公是个男人",结论是"男人都爱出轨"。而这个大前提本身就是错的,她老公出轨只是个案,并非一般性原则。

与"以偏概全"相反的是"以全概偏",即对于偶然发生的例外事件,不能以常理来推论。如果用一个通则来解释一个例外事件,就是以全概偏的诡辩。这里所说"常理""通则"是指经验归纳所得的结论,通常来说是正确的道理,并非放诸四海而皆准的,因为事件是在特定条件下发生的。以全概偏的诡辩就在于本来不能用常理来解释的事件仍以常理来解释。

"以偏概全"和"以全概偏"虽然形式上不同,但本质上是一样的,都是人们在生活中经常会犯的逻辑错误。

·生活实例·

第 16 章
组合分裂——将局部特征错误理解为整体特征

·规避方法·

当我们用以偏概全的思维去认识一个人或者做一件事情时,得到的结果往往会出现认知偏差。那么在现实生活中,我们该如何远离或避免这种逻辑谬误呢?

 扩大样本的筛选范围,让数据更加准确

生活中,我们之所以会出现组合分裂的错误,往往是因为掌握的数据太少了。因此,想要避免出现这样的谬误,就要在提出观点前,检查自己所选用的样本:是否只是基于很少几个人的观点或经历?或者只是自己有限的几次经历?如果确实如此,则应考虑是否需要增加证据,抑或缩小结论涵盖的范围。样本足够多,且样本成员的选择是在同等概率下进行,才能最大限度地避免组合分裂的谬误产生。

2 转换不同视角，多角度看待问题

俗话说："眼见不一定为实，耳听不一定为真。"看待一件事情或一个人时，不要急着做出判断，而是要转换不同的视角，多角度去看一看。比如，当我们看到一个名人时，先不要被对方身上的名人光环所吸引，要知道对方首先是个人，并且是个普通人，而后才是一个名人。所以，普通大众所拥有的优缺点，他也会有。这样我们在评价这个人时，就会相对客观、全面。

3 通过事情的另一面，回击以偏概全的言论

面对别人以偏概全的诡辩，我们要知道对方并没有从整体上把握事物的全面性和整体性。因此，想要回击这种诡辩，只需指出事物的全貌，告诉对方此事物除了这一面，还有另一面。比如，某人偶尔到某市玩儿，正遇上下雨，某人就说："某市的天气太差了，怎么总是下雨？"你就可以说："这里大部分时间都是晴天，下雨的概率跟其他城市没有什么区别，只是你正好赶上了而已。"

第 17 章

不是真正的苏格兰人
以修改标准的方式放马后炮

有些人在自己的观点受到批评后，会试图用"诉诸纯洁"的方式来捍卫自己的观点。他们会通过马后炮和修改标准的方式，来维护自己那原本有缺陷的观点。当一个人犯了此种谬误时，就是在要求宇宙静止不动，以确保他的观点现在是正确的，直到永远。

· 逻辑陷阱 ·

"不是真正的苏格兰人",是"净化论证"的直译,此谬误的英文原文为"no true Scotsman"。这个词由哲学家安东尼·弗卢教授在其著作《关于思考的思考》中首次提出。

该词出自这样一个故事:一个名叫 Hamish McDonald 的苏格兰人,在报纸上看见一则"布莱顿(位于英格兰南部)色魔再度犯案"的新闻时,震惊地说:"没有苏格兰人会干这种事!"隔天他又打开报纸,看见新闻描述一位亚伯丁人(该城位于苏格兰)更残暴的行为,相较之下布莱顿色魔都算是个绅士。这显示 Hamish 的想法是错的,但是他没有承认自己错了,为了维护自己之前的观点,他这次说道:"没有'真正的'苏格兰人会做这种事!"

Hamish McDonald 不愿意相信他的苏格兰兄弟姐妹会如此不雅和残忍,所以他创造了一个虚幻的定义,将坏人排除在自己所在的苏格兰群体之外,使自己可以继续留在一个不曾犯错的团队中。

简单来说,"不是真正的苏格兰人"是指用事后增加前提条件,不断修正、净化论据论点的方式,来驳斥对方对论证瑕疵的批评,因此也被称作诉诸纯洁。"苏格兰人"这个词可以用其他任何形容一个人或一群人的词来代替,它也可以指任何数量的事物。使用的时候,只需要把个人不希望出现的东西从喜欢的东西名单中删除,然后重新定义参数即可。

第 17 章
不是真正的苏格兰人——以修改标准的方式放马后炮

具体形式表现为：

正方主张：所有 A 都是 B。

反方举证：某个 A 不为 B。

正方辩护：你这个 A 非真的 A，所以"所有 A 都是 B"仍旧成立。

当你把自己的个人定义错当成官方的、被广泛接受的定义时，"不是真正的苏格兰人"谬误就会出现。在这种形式的错误推理中，论证某人所信的证据时，无论证据多么令人信服，只需要简单地改变标准，就可以让证据无法适用于编造出来的所谓"真正的"的例子。这种事后的合理化，是逃避对自己论据的合理批评的一种方式。

·生活实例·

我们广东人都吃甜豆花。

老陈是广东人，可他就吃咸豆花。

我说的是，真正的广东人都吃甜豆花。

第 17 章
不是真正的苏格兰人——以修改标准的方式放马后炮

·规避方法·

这个逻辑谬误的变化形式很多,往往与"人身攻击""诉诸虚伪"等谬误混合出现。它对辩论造成的破坏性也是很强的,因为它的攻击点在于对方的纯洁性,这一点打击了对手所有话语的可靠性。因此,我们一定要注意规避。

1 警惕类似于"真正的"这样的关键词

当一个人开始强调"真正的"的时候,我们就要提高警惕了,他很有可能是要使用净化论据的诡辩了。这时候,我们需要去辨别"真正的"的含义是否在修改或净化前面的论点,如果是,那就说明对方在试图使用"事后找补"的方式进行诡辩。

2 指出对方的观点违反了同一律

"不是真正的苏格兰人"的荒谬之处就在于违反了同一律。同一律要求我们不仅要保持概念的同一性,还要确保概念的内涵和外延都是一致的。每一个概念或命题都应该有它本身的含义,并且要保持前后一致,不能随意改变。只有遵守同一律,才不会在沟通过程中出现上述例子中那样荒谬的结论,才能形成确定性思维,确保思想或观点得到正确而又准确地表达。因此,当我们分析出对方使用了净化论据的诡辩时,就可以指出对方的论点前后不一致,论证不能成立。

第 17 章
不是真正的苏格兰人——以修改标准的方式放马后炮

3 举出反例，动摇其论证

所谓"真正的××"根本就不存在，就像街边一个揣着葫芦的老头儿让你猜葫芦里面是什么，不论里面究竟装的什么，或者没有装东西，只要他永远不给你看，他永远都可以说你没猜对。因此，我们要反驳"不是真正的苏格兰人"谬误，不用去追究"真正的"究竟是什么，那只会掉进对方的陷阱里，只要提出一个反例，就能在一定程度上动摇它。

第 18 章

基因决定
龙生龙，凤生凤，老鼠的孩子会打洞

> "龙生龙，凤生凤，老鼠的孩子会打洞"，从生理学上来看，这句话很正确；但是从逻辑学上来讲，这句话就漏洞百出了。一个人是好是坏，并不是由基因决定的。

·逻辑陷阱·

基因决定,是"出身定论"的直译,即以事物的来源、观点的提出者来判断一件事的好坏、对错。

在这个谬误中,好人、坏人都是在基因里已经定好的,如"你骨子里就是个坏人,所以注定你只会做坏事,不会做好事"。试图逃避正面的辩论,转而关注某人或某事的出处。

其具体表现为:

① 父辈决定子辈

即认为家庭影响决定下一代的一生,忽略下一代在成长过程中所受到的学校教育、社会影响以及个人努力等方面的作用。也就是只承认父母的影响,认为父母对孩子的影响超过一切。这显然与客观事实不符。"老子英雄儿好汉,老子混账儿混蛋",就属于这类谬误。

例如,小明说:"我的志向是当警察。"

小红说:"你爸爸是小偷,你永远当不了警察,因为你有'偷盗'的基因。"

② 地域决定人品

即认为一个人出生的地区决定着这个人的一生,而忽略了人的复杂与多样性，任何地方都是既有好人，也有坏人，跟出生在何处无关。网络上的各种地域黑都属于这类谬误。

例如，小明说："我们××（某地）人十分好客。"

小红说："拉倒吧，你们××（某地）人都是人贩子，好客是你们拐骗的手段而已。"

❸ 出身决定实力

即认为出身好的人就有实力，就会成功；相反，出身不好的人就缺乏实力，难以成功。忽略了人能否成功，个人的努力和能力才是最重要的因素。

例如，小明说："我这次考研又失败了。"

小红说："你父母都是农民，你考研自然会很难。"

基因决定谬误和人身攻击谬误类似，同样都是利用已知的负面认知来攻击、抹黑对方的观点，实际上并未真正说明对方的论据有何问题。

·生活实例·

我清华数学系毕业,你怎么数学还考个不及格呢?真是浪费了我的基因呀!

数学考了 28 分,等着挨训吧!

我从上小学起,数学就没有低于 100 分,你怎么才考 28 分呢?你到底是不是我儿子呀?

我教了一辈子数学,到头来考得最差的,竟然是自己的孙子,我愧对祖先呀!

第 18 章

基因决定——龙生龙，凤生凤，老鼠的孩子会打洞

·规避方法·

出身不能代表一个人的品行和能力，出身也无法决定一个人的命运和前途。在生活中，不管是评价他人，还是评价自我，都不要犯基因决定的错误。

① 不以出身去判定一个人的能力

在公司招聘中，经常会出现这样的情况，认为好大学出来的都是人才，不好的大学出来的都是庸才。但出身是死的，表现是活的，用死规矩去衡量一个大活人，显然不靠谱。要评定一个人的实力，必须进行深入地了解，从多个方面去考察。名师不一定出高徒，老虎的儿子也不一定个个凶猛。不被基因决定的错误逻辑所主导，我们才能更清楚地看清他人的实力，同时更准确地评估自己的实力。

② 拓宽眼界，改变狭隘的认知

从严格意义上讲，各种所谓的标签都是带有基因谬误的，这些标签可以在我们见识到事物的本来面目之前，作为一个参考，但是已经见过事物的本来面目，还用标签去判断一个事物，就很愚蠢了。

因此，我们要拓宽自己的眼界，改变狭隘的认知方式，不要以出身去定义任何人、任何事。看待他人时，要多方面取证，不能只看出身。要知道，人的成长和成才不只受到家庭出身的影响，更多还受到社会及个人斗志的影响。各行各业那些出类拔萃的优秀人才，并非都出身名门，他们大多来自普通家庭，甚至有的来自十分不幸的家庭。

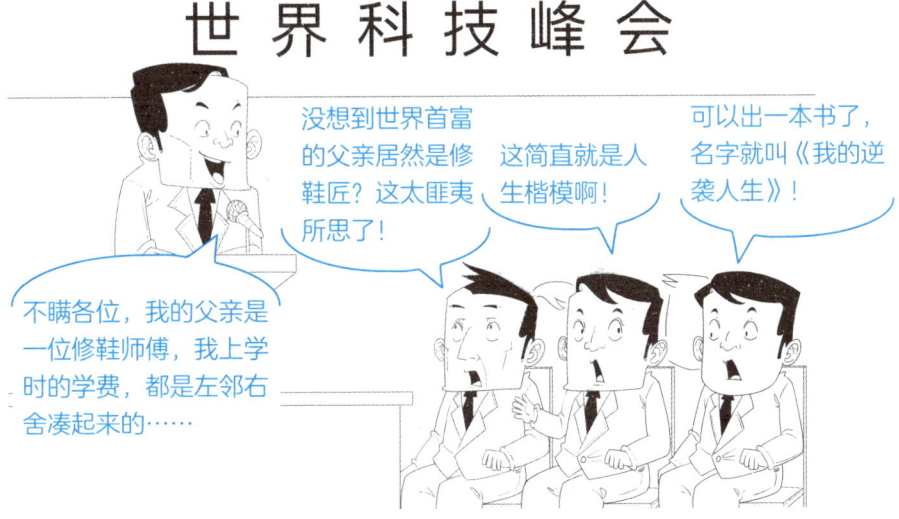

3 别人可以看轻你，你不要看轻自己

当有人以出身来评价你的人品和能力时，千万不要被对方影响。你一旦真的看轻自己，就掉入了对方基因决定的谬误里，你会很容易信命，而人一旦认命，就容易怪罪命运不公，然后在庸庸碌碌中度过一生。

因此，别人可以看轻你，你绝对不要看轻自己，就算你的出身不好，也无法决定你的未来。人是有主观能动性的，家庭也好，环境也罢，都是外因，内因是自己，只承认外因，不认可内因，是滑稽可笑的。你只要愿意努力，哪怕出生在贫民窟，也能住进富人区。

第 19 章

非黑即白
非此即彼，事情没有中间地带

非此即彼，非黑即白，事情没有中间地带，这是很多人的思维误区，某种程度上说也是缺乏辩证逻辑。黑白之间还有成千上万的色差，两岸中间还有不息的水流，只承认有黑白和两岸，就排除了事物的丰富性。

·逻辑陷阱·

非黑即白，也被称为非此即彼，或两难推理、虚假推理，是指只给出两个选项作为可选，要么全盘肯定，要么全盘否定，简单粗暴地将事物一分为二，而完全忽略了其他可能性的存在。

非黑即白式诡辩的荒谬性就在于，故意否认事物的中间状态，看问题好走极端。什么东西不是好的，就一定是坏的；不是善的，就一定是恶的；一个人不是朋友，就一定是敌人。这种谬误会让人们的思维陷入一个困境中，把所有事物都简单地分为好与坏两种。其关键词为：

"要么……要么……"

"不是 A，就是 B。"

尽管这种思维可以造就成功的政治家、商业巨头与领袖，但是仔细推敲后，就会发现还存在更多的可能性，并非只有 A 和 B 两种。非黑即白的思维不允许超出两种可能性的各式各类的变量、条件和语境的存在，它只会误导论证，屏蔽理性、诚实的辩论，让黑白思维两个对立面之间的"灰色地带"无处容身。

非黑即白谬误有以下几种表现：

（1）用极端的词汇来描述一切：比如，"总是"和"从不"，"完美"和"失败"，"容易"和"不可能"。

（2）完美主义：比如，认为自己（他人）必须完美地做好某事，否则根本不（没必要）去尝试。

（3）看不到一个人的优点或缺点：比如，坚信某个人只有优点或只有缺点。

（4）消极的自我对话：比如，认为自己是无用或失败的。

（5）害怕尝试新事物：比如，你能想象的是完全成功或彻底失败，那么你会尽最大努力去避免失败，这就意味着你会拒绝去做某些事情。

一些常见的心理健康问题与非黑即白谬误息息相关，比如焦虑症、抑郁症、强迫症、边缘型人格障碍、自恋型人格障碍等。同时，非黑即白谬误也会引发生活中的一些问题，比如：

（1）人际关系问题。 当一个人或关系进入"坏"的类别时，会导致人冲动行事；

（2）个人韧性问题。 你遇到的任何苦难似乎都表明你做的这件事会失败，因此你选择放弃；

（3）自我形象问题。 因为做错了什么事，就认为自己是一个失败者，尽管你在其他方面取得了成功。

·生活实例·

第 19 章
非黑即白——非此即彼，事情没有中间地带

·规避方法·

非黑即白思维在生活中随处可见。当你忙于将一切事物分成两个极端时,你会错过一些有价值的中立观点和解决办法,同时也会陷入他人非黑即白的逻辑诡辩中。那么,如何挣脱这种逻辑谬误的束缚呢?

① 揭示"中间地带",反驳对方的诡辩

当有人用非黑即白的诡辩术来对待我们时,我们要想反驳这种诡辩,就必须明确揭示事物的中间状态,表示事情的选择还有第三种、第四种……不一定非得在对方给出的两个极端中做选择。当事物的中间状态被揭示出来时,对方的诡辩也就不攻自破了。

② 不要轻易贴"好"或"坏"的标签

贴标签是生活中十分常见的现象。孩子成绩不好,就给孩子贴上"笨"的标签;自己做一件事失败了,就给自己贴上"失败者"的标签,他人做错了一件事,就给他人贴上"坏人"的标签;他人帮助过你一次,就给他人贴上"好人"的标签……这些标签会让我们陷入逻辑谬误中。实际上,孩子成绩不好,不一定脑子笨;失败一次,下一次也许就成功了;做错一件事,不代表会一直做错事;帮助过你一次的人,将来也有可能会陷害你……只有停止贴标签的行为,我们的生活才会拥有更多的空间和美好。

> 第 19 章
>
> 非黑即白——非此即彼，事情没有中间地带

3 重塑思维，不要走极端

世界不是只有黑白两种颜色。即便不考虑各种颜色，单单考察黑白摄影也会发现，在黑白两色之间还有深浅不同的灰色。因此，看待问题时不能过于极端，要考虑事情维度，好人会做坏事，坏人也会做好事；要考虑数量维度，有人做的好事多，有人做的坏事多；要考虑时间维度，有曾经做坏事的好人，有未来可能做坏事的好人；还要考虑动机维度，好人可能办坏事，坏人可能阴差阳错地做好事。更重要的是，好坏还会随时发生转化，现在好未必将来就好，现在坏说不定未来会变好。

第 20 章

循环论证
偏执假设，无法自洽

当一个人为了支持某项主张所提供的根据，就是同一主张换汤不换药的重复时，他就是在使用循环论证的诡辩法了。这种诡辩方式在逻辑上是成立的，但没有实际意义，被亚里士多德归纳为实质性谬误。

· 逻辑陷阱 ·

循环论证，就是论点的前提中已经包含结论。此类逻辑无法自洽的论证通常根植于根深蒂固的偏执假设之上。好比"循环论证之所以糟糕，最主要的原因就是它不好"这样的废话。

在论证中，论题的真实性是从论据的真实性中推出来的，也就是说，论题的真实性是依赖论据的真实性而论证的，如果论据的真实性反过来还要靠论题来论证，就会形成论题和论据互为证据、互为论题的情况，实际上等于没有论证。循环论证犯的就是这样的错误。循环论证通常有以下几种表现形式：

❶ 换说法

即论据是对结论进行同义表达，这是最简单的循环论证。

例如，小红说："我是我们村最漂亮的姑娘，因为我们村的姑娘都没有我好看。"

"小红是村里最漂亮的姑娘"和"其他姑娘都没有小红好看"，只是不同形式上的同义表达，并没有任何理由说明"为什么小红最漂亮，其他人没有她好看"，这所谓的理由不过是同一主张换汤不换药的重复。这就是一个非常典型的循环论证。其本质就是"因为A，所以A"，只不过是用了一些语言的技巧，把结论里的A用不同的表达方式放到了论据当中。

第 20 章
循环论证——偏执假设，无法自洽

② 兜圈子

即在最简单的循环论证中，增加几个环节，形成更复杂的循环论证。

例如，

小红说："有意义就是好好活。"

小明问："那什么是好好活呢？"

小红说："好好活就是做有意义的事情。"

在这个论证中，命题 A 为"人要做有意义的事"，命题 B 为"人要好好活着"。小红先是用 B 为前提来论证 A 成立，又用 A 为前提来论证 B 成立。在此基础上，再增加一些中间环节，就可以形成更复杂的逻辑环。

例如："有意义就是好好活着，而好好活着就是活得充实，活得充实就是不虚度光阴，不虚度光阴就是做有意义的事！"

在更复杂的论证中，循环论证可能更难被发现。许多著名和聪明的人都使用过这样的循环推理，但是他们自身并没有意识到这一点。还有许多人故意使用循环推理，目的是用语言迷惑他人，让他人掉入一个循环当中，无法辩解。

有时候，人们也会利用这种谬误维护自己的尊严，化解尴尬的气氛。

比如，

小红问小明："你为什么这么胖呢？"

小明说："因为我吃得多。"

小红又问："你为什么吃得多呢？"

小明说："因为我胖。"

这样的回答很幽默，可以巧妙地避开"胖"这个话题，这是循环论证的运用价值，但它仍然是诡辩的手法。

·生活实例·

第 20 章
循环论证——偏执假设，无法自洽

·规避方法·

当一个人想不出更好的论点来支持某件事时，他就会简单地用不同的语言重述他原来的论点，以证明他原来的论点。那么，在生活中，我们该如何发现循环论证谬误，并避免他人利用循环论证来误导我们呢？

① 警惕循环论证的关键词

在循环论证谬误中，对方常会使用一些绝对化的词语来增强论据的可信度，比如众所周知、毋庸置疑、显而易见……这些词语的出现会迷惑我们，让我们觉得对方的话语不需要查究。因此，当我们听到这些词语时，就要提高警惕了。仔细琢磨一下，对方的结论与理由是否为同一件事，如果对方的论证使用的是"因为 A，所以 A"的结构，那么就可以马上判断出这是一个循环论证谬误了。

② 直接指出问题所在

当我们发现对方在使用循环论证时，如果对方结论的理由未被证实，我们就可以直接指出对方的理由还没有被证实。比如，有人说："喝可乐可以治疗感冒，因为可乐中含有治疗感冒的成分。"这时，你就可以说："'可乐中含有治疗感冒的成分'这个理由没有被证实，所以论证不能成立。"如果对方的结论是事实，我们就可以指出对方的理由和结论意思是相同的，是"因为 A，所以 A"的结构。比如，有人说："蹦极是危险的，

因为它不安全。"你就可以说:"你所说的'蹦极危险'和'蹦极不安全'是一个意思。"

③ 用"荒谬"打败"荒谬"

当他人想用循环论证来说服我们接受一个结论时,我们可以用"以其人之道,还治其人之身"的方式来对付对方。比如,对方说:"这是个秘密,因为不能说。"你就可以说:"你这个说法,就像在说'东西很好吃,因为味道好'一样。"用一个看起来更荒谬的循环论证,让对方意识到自己说法的荒谬之处。

第 21 章

自然至上
只要是自然的，就是最好的

> 作为一种逻辑谬误，自然至上是指毫无根据地认为天然孕育的东西生来就优于人造的东西。取自天然的东西就一定好吗？鸟屎和碎石都是天然的东西，可诡辩者会吃掉它们吗？

逻辑陷阱

自然至上谬误，也被称作诉诸自然，是指好坏全凭是否自然来判断。具体表现为，如果一件事物是天然、自然的，那它就是完美、无可挑剔的；相反，如果一件事物是人工生产的或加工的，那它就是不好的。

其逻辑形式为：

X 是自然的；

Y 是不自然的。

因此，X 比 Y 好。

这种逻辑谬误在生活中十分常见，比如：

❶ 饮食方面

即纯天然形成的食物要比人类生产制造的食物更加安全、健康。

例如，随意溜达的鸡下的土鸡蛋比人工圈养的鸡下的蛋更好。

实际上，根据相关研究表明，土鸡蛋在味道和营养价值方面与普通鸡蛋并无任何差别。

❷ 消费方面

即天然的产品要比工业制造出来的产品更好。

例如，天然洗护用品比工业洗护用品更好。

第 21 章
自然至上——只要是自然的，就是最好的

实际上，一些小作坊做出来的所谓天然产品，因为缺乏监管更容易质量不合格。

诉诸自然中的"自然"，不仅仅是指自然界形成的东西，还可以指长久以来的自然原始状态。比如，很多落后山区的家长反对孩子上学，因为几百年来孩子都是在家帮忙务农，上学是近几年才开始的。

可见，自然本身并不能使事情变得好或坏，只强调自然，用所谓的天性去干涉别人，反而会忽略具体的人在具体的环境中会做出具体的选择，从而给别人带来麻烦，也让自己陷入逻辑谬误之中。

·生活实例·

第 21 章
自然至上——只要是自然的，就是最好的

正例

· 规避方法 ·

认清自然至上的谬误，可以帮助我们跳出生活中的许多谎言，不再用陈规旧习来约束自己。那么，我们该如何认清并规避自然至上的谬误呢？

1 具体问题具体分析，不能一概而论

人类喜欢自然、亲近自然，因为大自然是人类生命之源。但我们也要学会一分为二地看待问题，不要认为只要是自然的，就一定是好的；也不要认为只要是自然的，就一定是不好的。自然有好的一面，比如阳光、雨露、山川、湖泊……也有不好的一面，比如，弱肉强食的丛林法则是大自然中普遍存在的现象，但是这和现代社会的文明是格格不入的。因此，我们要具体问题具体分析，不能一概而论。

2 自然至上的论据和论点之间缺少必然联系

无论是谈看法，还是阐述理由，在使用了事实或理论论据后，都要揭示论点与论据之间的因果联系，然后再回到论点。然而，自然至上的论点使用了事实论据，却没有完成论证。比如，土鸡蛋比普通鸡蛋营养价值高，因为土鸡蛋是散养的鸡下的。可鸡是散养的，并不代表其下的蛋营养价值就更高。所以说它的论据和论点之间缺少必然的联系。我们可以据此去分析一个人的观点，如果对方的论据和论点之间没有必然的联系，那他就是在使用自然至上的诡辩。

3 找出反例，令自然言论不攻而破

想反驳自然至上的诡辩也很容易，找到一个反例，就可以推翻对方的言论。比如，对方说："野生的水果更加安全，人工培育的水果都用了催熟剂。"你就可以反驳说："你现在吃的水果都是人工培育出来的，野生的水果大多无法食用。"

第 22 章

轶事证据
大家都这么说，自然是对的

> 相较于错综复杂的数据和证据，人们通常更容易相信一个人有关轶事的言辞。尤其是在"熟人社会"，人们更愿意相信自己的家人、同学和朋友，相信的程度甚至超过理性客观的证据和数据。

·逻辑陷阱·

轶事证据,是指以非正式手段收集的源自轶事事件或私下传闻的证据。这种证据缺乏完善的科学实验证明,常常以"八卦"、假新闻的形式被人们一传再传,每次传播时,其内容均会发生改变,久而久之,人们便会信以为真。

轶事证据的关键是,不同寻常的故事不能代表完整的经验。它通常有以下几种表现形式:

❶ 诉诸传闻

即别人怎么讲,自己也怎么讲。传闻就是辗转流传的事情,它具有广泛的传播性,可以不胫而走,一传十,十传百,很多人都这么讲,就很容易使人相信。

例如,小红对小明说:"日本发生地震了,大地震引起了海啸、核辐射等危机,据说吃碘盐可以防辐射,快去抢盐吧。"

小明对小刚说:"碘盐可以防辐射,不管真的假的,买点总是没错的。"

小刚听了对大家说:"大家快去抢盐吧,大街上的人都在抢盐。"

于是,人们纷纷上街抢购加碘食盐。

第22章
轶事证据——大家都这么说，自然是对的

② 诉诸流言

即没有根据的捕风捉影，对他人进行不负责任、无中生有的讽刺、非议、指责和批评。

例如，小红对小明说："我听说××偷过东西，你要小心她。"

小明对小刚说："小红说××偷过东西，你要小心点。"

小刚说："原来××是小偷，怪不得看起来鬼鬼祟祟的。"

实际上，××根本没有偷过东西。

③ 诉诸经验

即把经验作为论据，当成解释的出发点，或是分析事物的基础。

例如，小红说："我走过的桥比你走过的路都多，这事你就听我的吧，绝对没错。"

实际上，年龄不是判断是非、对错的标准，观点正确与否与年龄大小、经历多少没有直接因果关系，而是要看论据、论证是否符合逻辑。

·生活实例·

喝着可乐看球,真爽!

少喝点可乐吧,也不怕得糖尿病!

我爸爸也爱喝可乐,也没得糖尿病,还活到97岁,我也得不了。

喝吧!喝吧!有你后悔的一天!

第 22 章

轶事证据——大家都这么说，自然是对的

·规避方法·

尽管轶事证据都是以讹传讹,但是由于说得生动具体、活灵活现,所以具有很大的社会作用,我们千万不可等闲视之。

那么,当有人对我们使用轶事证据的时候,我们该如何应对呢?

① 对于不实的证据,可以拿起法律武器

当我们碰到不实传闻的诡辩时,必须给予对方严厉的驳斥,否则就会被对方认为是怯懦和默认,会令对方更加肆无忌惮地继续传播流言。尤其是在网络如此发达的今天,流言的传播速度更是快上加快,流言蜚语可以伤害个人、伤害群体、伤害社会、伤害国家。必要时,我们还可以拿起法律武器,让法律惩处那些散布流言蜚语、造谣中伤之徒。

② 遇事冷静分析,谣言止于智者

很多人之所以会陷入轶事证据的谬误中,是因为缺少辨别是非对错的能力,别人怎么说,自己就怎么信,无形中成了传播流言的"话筒"。因此,当我们遇到一些似是而非的言论时,不要急于传播,也不要被对方的言论带跑偏,而应该冷静分析一下,对方说的话是否有据可证,如果没有任何证据,可以尝试着去寻找证据证实,如果无法找到证据证实,那么就要做到"谣言止于智者"。

对于诉诸经验的谬误,我们要一分为二去看,有的经验经过时间和

事实的考验确实有用，而有的经验则纯属无稽之谈，不能作为证据来证明论点。

3 当对方说"据说"时，不要轻易相信

诡辩者在使用轶事证据的诡辩方式时，通常会有一些明显的前缀词，比如据说、听说、××说……当听到这种类型的词语时，我们就要小心了，对方说的可能不是真的，而是毫无事实根据的传闻，也可能是没有科学依据的经验。这时，我们可以直接指出对方言论的不确定性，让对方使用更严谨的方式表达。

第 23 章

得克萨斯神枪手
因果倒置，只为对自己更有利

人类大脑的思维机制总是倾向于快速地思考，快速地作出决定。因此，当事情发生的原因有很多时，人们就会通过观察的现象联想，选择最简单的原因来得出结论，从而导致"因果倒置"的错误产生。同时，这也让诡辩者有了可乘之机。

·逻辑陷阱·

此谬误又称因果错位，意思是只挑选对自己有利的，或符合自己假设的证据。在逻辑学上，事件的原因和结果之间有一种正相关的关系，比如，A 和 B 两个事件有正相关的关系，但如何判断 A 和 B 谁是因、谁是果，就成了了解 A 和 B 这两个事件关系的首要因素。如果把关系搞反了，原因和结果就颠倒了，这在逻辑上就叫因果倒置。

此谬误的英文原文为"the Texas sharpshooter"，意为"得克萨斯州的神枪手"，此名称来自一则寓言：有一位住在得克萨斯的西部牛仔，经常在自家谷仓里对着墙练习枪法，时间一长，墙上就有一块地方弹孔比较密集。他在这块地方画上了一个靶心，说自己是神枪手。

先开枪，再在弹孔上描画出靶心，这让枪手看起来是个神枪手，但实际上，子弹正中靶心和枪手是否是个神枪手没有必然的因果关系。

现实生活中，诡辩者经常根据事物现象时间的先后来判断因果关系，认为凡是时间上在先的就是因，在后的就是果，以此来混淆是非。除了因果倒置外，由因果关系产生的谬误还有以下几种：

❶ 强加因果

即故意将因果联系强加于根本不具备因果关系的事物情况之间，为自己的谬论作出似是而非的论证。

第 23 章
得克萨斯神枪手——因果倒置，只为对自己更有利

例如，小红说："你不是想变漂亮吗？那就把胡萝卜吃完。"

这句话所表达的意思是，因为你想变漂亮，所以你就要把胡萝卜吃完，但事实上，"变漂亮"和"吃胡萝卜"之间并没有因果关系。

❷ 荒谬求同

即仅根据事物现象的一些表面的相同就判断其中的因果关系。

例如，小红说："我昨天喝了点白酒，吃了点花生米，结果醉了；我今天喝了点啤酒，吃了点花生米，结果又醉了。看来花生米会醉人呀！"

两次都吃了花生米只是表面现象，所以不能草率地判定为"因"。真正的"因"是白酒和啤酒，虽然名字不同，但都含有让人醉的酒精。

❸ 荒谬求异

即运用求异法探寻事物的因果关系时，漏掉了隐藏着的差异情况，而这个差异情况有可能是真正的原因。

例如，小红对小明说："我一上课就头痛，一下课就不头痛，所以我头痛是因为上课。"

后来小明发现，小红一上课就戴眼镜，一下课就摘掉眼镜，她真正头痛的原因其实是戴眼镜，与上不上课根本无关。

虽然通过上课和下课这两种情况下头痛与不头痛的对比，能够推理出引起头痛的原因是"上课"，但忽略了"摘眼镜"这一情况，这也是不同情况中的一种，也应作为原因之一去考虑。

④ 无关共变

共变法是根据事物量的变化所产生的变化进行推论的，但如果把不具有因果关系的共变现象当成具有因果联系的事物现象，就是无关共变的诡辩。

例如，小红说："小王家生了个孩子，同时种了一棵树，孩子长高，树也长高，说明树长高是因为孩子长高了。"

"孩子长高"与"树长高"虽然存在共生关系，但两者之间并没有因果关系，二者的长高分别有不同的原因。

⑤ 共变过头

即故意超越一定的限度来歪曲事物的共变现象。

例如，小红说："我昨天去小明家吃饭，饭菜的味道有点淡，小明又加了点盐，味道立刻变好了，盐真是个好东西，我以后只吃盐。"

任何事物的数量变化都是有一定限度的，超出一定的限度，事物就会出现质的变化，一旦产生质的变化，共变现象也就不存在了。饭菜淡了，味道不好，加点盐，味道提升，这里味道和盐是共生关系，但如果只吃盐，或是加多了盐，就超出了共生关系的限度，共生关系也就不存在了。

第23章

得克萨斯神枪手——因果倒置，只为对自己更有利

·生活实例·

 反例

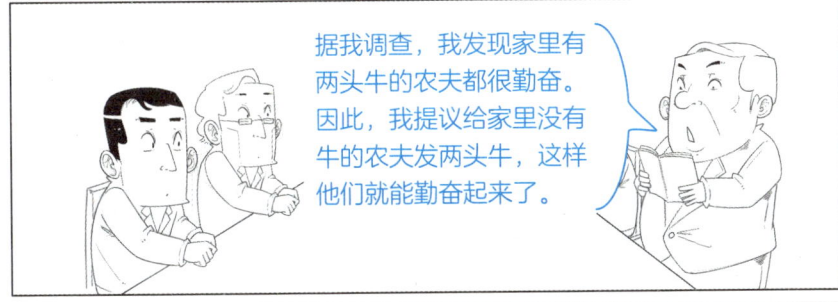

·规避方法·

生活中存在着大量的因果关系,但这不意味着任意两个事物或两种现象之间都存在因果关系。把人为设定的秩序通过有倾向性的归因逻辑加在随机事件之上,是十分常见的逻辑谬误。

① 考虑多方面因素,正确判断因果关系

共存性,是指原因和结果之间存在相互接近性。先后性,是指原因在先,结果在后。是否具备这两种特性是判断因果关系的一个重要条件。不能仅仅因为两者之间存在共存性,就判断二者是因果关系,还要寻找一下是否有被掩盖的共同情况;也不能仅仅因为两者之间存在先后性,就判断二者是因果关系,还要探寻二者之间是否存在隐藏的差异情况。同时,即便同时拥有共存性和先后性,也不能简单地判定二者为因果关系。寻找原因时,既不能浮于表面,也不能过度深求,这都会令因果关系产生谬误。

② 因果关系不是一成不变的,不能固化其判断标准

因果关系并不是一成不变的,比如,共变过头就会导致因果关系消失。有时因果关系也会相互转化,比如,青少年犯罪与互联网的关系。在青少年犯罪的案件里,网络欺凌和网络赌博等网络犯罪占有相当的比重。其根本原因是青少年的意志力不坚定,缺乏对是非对错的辨别能力,通过网络欺凌或网络赌博害人害己是其导致的恶劣后果。反过来,网络犯罪等不良

信息的影响也可能成为青少年犯罪的诱因。部分青少年因长时间接触网络犯罪等不良信息，很可能导致他们对犯罪行为的认同度增加，从而产生模仿效应。

3 捋清关系，将颠倒的因果关系颠倒回来

对于故意将因果关系倒置的诡辩者，我们首先要捋清对方言论中的逻辑关系，找到正确的因和果，然后将其故意颠倒的关系颠倒过来，直接揭穿对方的诡辩。比如，有人说："天亮了，是因为公鸡打鸣了。"实际上是"因为天亮了，所以公鸡开始打鸣了"。对于不存在因果关系的"因果关系"，我们直接指出"二者不存在因果关系，因此论证不能成立"即可。

第 24 章

一错再错
与其半途而废，不如死撑到底

> 人不怕犯错，但怕一错再错，然而却有人陷在错误中不愿自拔，因为他们认为终止错误就浪费了之前付出的成本。殊不知，止损有时候比等待"回本"更加重要。

·逻辑陷阱·

一错再错，又称协和谬误，即当一件事情的参与者已经投入了一定的成本和精力之后，发现进行下去的结果是不易进行下去的低效率、低回报时，却因各种因素而不停止事件的进行，继续做这件事。

协和谬误具有这样的特点：当事人做错了一件事，明知道自己犯了错误，却死活不承认，反而花更多的时间、精力、钱财等成本去挽救这个错误，结果不但浪费了成本，错误也没有挽回。这其实就是人们常说的"赔了夫人又折兵"。

关于"协和谬误"名字的由来，要从 20 世纪 60 年代，英、法两国政府联合投资开发大型超音速客机说起。这种飞机造价很高，英、法两国都希望凭借这种大型客机赚钱。结果经过一段时间的研发，他们发现一个很严重的问题：如果继续研发，就需要不断投入大量的金钱，而且不确定最终是否能适应市场的需求。但如果停止研发，那么之前的投资就等于白白浪费了。

为了不使之前的投资打水漂，两国政府硬着头皮继续研发，最终研发成功，但投入市场后却暴露了诸多问题，如油耗大、噪声大、污染严重、运营成本太高等，因此很快就被市场淘汰了。

这种飞机就叫作"协和飞机"，还因此演变出了"协和谬误"。

日常生活中，人们在决定是否继续做一件事情的时候，不仅会看它对

第 24 章
一错再错——与其半途而废，不如死撑到底

自己有没有好处，还会过于注意自己是不是已经在这件事情上面有过投入。我们把那些已经发生、不可收回的支出，如时间、金钱、精力等称为沉没成本。"沉没"的意思是说，你在正式完成交易之前投入的成本，如果交易不成，就会白白损失掉。但如果对沉没成本过分眷恋，就会继续原来的错误，造成更大的亏损。

人们之所以会犯这种谬误，是因为人们止损意识的错误投射，把沉没成本当成了非沉没成本。有的诡辩者将沉没成本当成非沉没成本为自己的谬误辩护，与人争论不休，我们便称之为协和谬误式诡辩。

·生活实例·

你买的股票已经亏损了,为什么还往里砸钱?

你懂什么!我这叫"摊平",我今天就再买它1000股。

我看是摊不平了!

如果现在放弃了,那我之前的几万块钱不是白投入了吗?

第24章

一错再错——与其半途而废，不如死撑到底

·规避方法·

在日常的工作、生活、学习中,类似协和谬误的情形并不少见。那么,怎样才能避免陷在协和谬误的泥潭里苦苦挣扎,做出果断又机智的决策呢?

1 冷静思考,权衡利弊

沉没成本是一个令人又爱又恨的东西,爱它的人会选择继续投入,恨它的人会选择扭头就走。当做一件事情出现沉没成本时,应冷静思考、认真分析、权衡利弊。在掌握了足够信息的情况下,对可能的收益和损失进行全面地评估。如果还有胜算,那么可以为了沉没成本放手一搏;如果没有胜算,那么及早退出才是明智的选择,否则,很可能会造成更大的损失。

第24章
一错再错——与其半途而废,不如死撑到底

② 愿赌服输,及时止损

生活中,有些人做错了一件事,明知道自己是错的,明知道自己有问题,但就是不肯承认,反而加倍地为自己找借口。就像撒谎者,为了圆一个谎言,继续编造无数个谎言,不但让自己身心疲惫,还增加自己说谎的成本,一旦被戳穿,形象便会大打折扣。还有人在与他人争辩时,中途发现自己的论证偏离了方向,但是为了面子,便将错就错下去。以上种种,都是对沉没成本的留恋造成的。

有时候,半途而废并不总是坏事。从理性的角度来说,我们不应在决策时过多地考虑沉没成本。如果决策是错的,最好的办法就是"壮士断腕"——学会审时度势,看清问题的实质,放弃错误的坚持。这一点不管是在政坛、商场,还是在工作、生活中,都是适用的。

3 放弃沉没成本，考虑机会成本

对待那些无法挽回的损失，我们应当抱持一份平和的心态，因为还有更重要的事情需要考虑，那就是机会成本。所谓机会成本，是指因为做一件事情而失去做另一件事情的机会。沉没成本是显性的，机会成本是隐性的，人们常会因为过于关注沉没成本而忽视机会成本。因此，当我们在要不要放弃之间难以抉择时，不妨分析一下沉没成本和机会成本。在权衡取舍中，倾向于机会成本低的东西，而放弃机会成本高的东西。